创业股权众筹与融资一本通

蒋杰————编著

图解版
Graphic Edition

中国铁道出版社有限公司
CHINA RAILWAY PUBLISHING HOUSE CO., LTD.

内 容 简 介

本书是一本专门介绍股权众筹和融资的综合性书籍，书中结合了具有中国特色的融资环境，探讨了股权众筹和融资对企业带来的影响。

全书共 10 章，主要分为三部分内容，以通俗易懂的写作方式讲解了股权众筹的基础知识和方法、股权融资的基础知识和商业计划书的写作方法，以及多种股权融资途径。同时，为了提升读者的阅读体验，本书采用全图解的方式介绍知识，并列举了大量经典的案例，能有效地帮助创业者完成创业梦想和对企业的有效管理经营，不再为企业融资难、创业资金缺乏等问题劳心费神。

图书在版编目（CIP）数据

创业股权众筹与融资一本通：图解版 / 蒋杰编著 .—北京：中国铁道出版社，2018.3（2022.1 重印）

ISBN 978-7-113-23860-5

Ⅰ . ①创… Ⅱ . ①蒋… Ⅲ . ①企业融资－图解 Ⅳ . ① F275.1-64

中国版本图书馆 CIP 数据核字（2017）第 242379 号

书　　名：**创业股权众筹与融资一本通**（图解版）
作　　者：蒋　杰

责任编辑：张亚慧　　编辑部电话：（010）51873035　　邮箱：lampard@vip.163.com
封面设计：MXK DESIGN STUDIO
责任印制：赵星辰

出版发行：中国铁道出版社有限公司（100054，北京市西城区右安门西街 8 号）
印　　刷：佳兴达印刷（天津）有限公司
版　　次：2018 年 3 月第 1 版　2022 年 1 月第 2 次印刷
开　　本：700 mm×1 000 mm 1/16　印张：18.5　字数：222 千
书　　号：ISBN 978-7-113-23860-5
定　　价：49.00 元

前　言

P R E F A C E

众所周知，在传统金融时代，由于受到各种因素和条件的制约，中小微企业一直备受冷落，而它们也恰恰是较缺钱的团体，融资难成为它们心中挥之不去的噩梦，这也使得许多创业者对创业望而却步。

随着国家"互联网+"战略的大力推动，互联网金融可谓是一飞冲天。同时，国家也提出积极发展股权融资的策略，包括完善多层次股权市场、拓宽股权融资资金来源等具体措施。

因此，资本市场中出现了股权众筹和股权融资，这也使得许多中小企业，特别是初创企业的融资方式发生了质的变化，其获取创业资金的途径也更加灵活。为了帮助创业者获得创业资金或中小企业获得新项目启动资金，互联网中出现了越来越多的股权众筹平台，同时，国家对股权融资的门槛也不是非常高。

而本书就在这样的背景下诞生了，书中对股权众筹与融资进行了详细的讲解与分析，并总结了许多融资技巧，意在帮助创业者找到合适的融资方式，并成功为企业融得创业与项目启动资金，最终实现创业梦。

本书共 10 章，具体的章节内容如下。

◎ 第一部分：1 ~ 4 章

本部分内容主要介绍了众筹与股权众筹的相关知识，包括认识众筹、股权众筹的基础知识、股权众筹项目设计与运作平台、股权众筹的风险及监管的相关知识，从而帮助读者掌握股权众筹的方法与成功众筹的技巧。

◎ 第二部分：5 ~ 6 章

本部分内容主要讲解了股权融资的基本知识和股权融资商业计划书的写作方法，从而帮助读者认识股权融资并利用商业计划书提高融资的成功率。

◎ 第三部分：7 ~ 10 章

本部分内容主要介绍了股权质押融资、股权出让融资、增资扩股融资和私募股权融资，从而帮助读者掌握股权融资的常见方式。

本书摒弃了传统教科书式的说教方式，对编写形式进行了大胆的尝试，采用了全图解知识与实际案例相结合的方式，将枯燥乏味的理论知识分模块进行图解说明，使理论知识的条理更加清晰，读者也更容易理解它们之间的逻辑关系。全书图解近 200 个，且图示种类多样、有趣，使读者在学习的过程中感觉更加轻松易懂。

本书读者主要定位于初创业者、想要通过股权众筹或股权融资获得资金的企业管理人等，另外，本书还适合想要通过股权众筹与股权融资获得收益的投资人使用。

最后，希望所有的读者能够从本书中获益，将所学应用到实际工作中。由于编者能力有限，书中难免有不足之处，恳请读者不吝赐教。

编　者
2017 年 10 月

目 录

C O N T E N T S

01
.PART.

众筹是一场大变革

随着"大众创业，万众创新"号召的发出，市场上兴起了一股创业风潮。但许多创业者或初创企业却因资金问题而搁浅了创业计划。此时，众筹的出现，让他们看到了新的希望。

02
.PART.

股权众筹那些事儿

近几年，"股权众筹"以互联网的思维切入股权投资融资，形成新的投融资模式，推动着经济形态不断演变。投资人和融资人在进行股权众筹投融资时，都必须先对其进行了解。

03
.PART.

股权众筹项目设计与运作平台

参与股权众筹融资,融资人需要对项目进行设计,并将其在股权众筹平台中展示,而投资人则可以通过股权众筹平台进行投资。国内外都有不少优秀的股权众筹平台,利用这些平台就可以达到融资的目的。

04
.PART.

股权众筹的风险及监管

由于股权众筹的金融本质及互联网特性，使其也具有很大的风险。因此，本章将会介绍股权众筹融资发展所面临的风险，以及应对这些风险的监管现状和监管存在的问题。

05
.PART.

揭开股权融资的神秘面纱

对于许多企业而言，企业想要获得创业资金，方式有很多，股权融资就是非常实用的一种。与朋友合伙做生意，让他人以入股的形式参与自己企业的经营，对持有企业原始股的股东进行分红。

06
.PART.

股权融资的商业计划书这样写

一份可行的商业计划书，可以将一个好的创意转变为一个合理的项目，甚至是一个成功的企业，它是获取投资的"钥匙"，也是企业进行推广、分析和融资的"红头文件"。因此，商业计划书的质量对企业融资至关重要。

07 .PART. 权利质押担保物权——股权质押融资

当前，企业资金普遍紧张，股权质押融资成为金融市场上一种较为普遍的融资方式。因为它大大增加了企业的融资机会，有助于企业提高创新能力，加速企业产品更新换代及产业化进程，成为企业融资的高效手段。

08
.PART.

权利转让等价交换——股权出让融资

在股权融资的几大方式中，股权出让融资是一种比较简单的方式，但"伤害性"也较大。如果企业没有把握好股权出让的比例，就很容易让投资人获得较大比例的股权，进而使自己失去企业的绝对控制权。

09 .PART. 扩大股本增强实力——增资扩股融资

企业增资扩股融资与股权出让融资具有一些相似之处，增资
扩股融资是指企业可根据实际发展需要扩大股本。企业增资
扩股融资对扩大经营规模、壮大企业实力具有重要作用，同
时具有的财务风险也较小。

10 .PART. 权益投资形式获利——私募股权融资

私募股权融资条件灵活、成本较低且针对性较强，能促使投资人为企业引进新的治理机制，提高企业管理水平，适合各发展阶段的企业融资需求，因此，私募股权投资人与所投资的企业之间存在直接的利益关系。

第1章

众筹是一场大变革

随着"大众创业，万众创新"号召的发出，市场中兴起了一股创业风潮。但许多创业者或初创企业却因资金问题，搁浅了自己的创业计划。此时，众筹的出现，让他们看到了新的希望。

创业投资浪潮风声再起

随着国家的政策支持，创业环境的培育，新一波全民创业浪潮逐渐涌现。在信息技术革命的推动下与各级政府的支持下，这股浪潮正在愈演愈烈。许多创业者还没弄清楚事情的缘由，就已经被卷入其中。创业者只有抓住这一时机学会"游泳"，才能在这一浪潮中游得更远。

◎ 创业是不可逆转的时代潮流

虽然当前时代的经济市场竞争激烈，但这又是一个充满无限可能性的时代，整个市场中充满了一种前所未有的热情与动力。特别是对于中国年轻的一代来说，创业已经成为他们口中最常见的一个话题，新一轮的创业风暴正在来袭。在这一风暴中，传统企业发生了以下三点变化。

传统企业正在发生哪些改变

传统企业的境况 **看**

> 传统企业正在衰变
>
> 大中型企业正在裂变
>
> 小微型企业正在聚变

传统企业正在衰变	在这个瞬息万变的时代，过去优秀的企业，也可能在竞争中被淘汰。目前，传统企业的生存环境越来越困难，过去，传统商业中往往抢到先机的企业就会胜出，价格低廉的企业更容易获得市场。而互联网商业却打破了这一常规，使商业模式变成满足消费者的胜出，大家求同存异，互相补充。
大中型企业正在裂变	以前是员工拿着资历与企业谈薪资，企业根据业绩发工资。而现在，员工不只是一个工作的执行者，还是企业的股东，拥有企业的股权、发言权及决策权。企业上市后，会越来越热衷于以收购方式创新项目，他们拥有大量资本，然后不断稀释自己扩大产业，最终形成一个裂变的过程。
小微型企业正在聚变	企业在发展过程中一般会经历从 0 到 1 和从 1 到 N 这两个阶段。从 0 到 1 属于创业过程，需要他人投资，但在此阶段投资人很少；从 1 到 N 属于发展过程（裂变过程），需要强大的资本去扩充，而融资就可以获得资本，但需要将资源共享给他人，这就可以看作一个聚变过程。

创业面临困境的主要体现

创业准备不充分	有的创业者因创业资金不足，而必须一人饰多角；有的因缺乏社交能力，不擅与社会打交道；有的因市场定位不准，错失良机。这些原因都是创业准备不足的表现，匆忙创业，最后往往导致创业失败。
承受力明显不够	许多创业者空有创业热情，却缺乏吃苦耐劳的精神。稍有闪失便缩手缩脚，害怕创业失败，这其实就是缺乏创业精神。一旦将创业提上人生日程，创业者就应该坚定下去，在挫折中吸取教训，在成长中积累经验，并耐心等待成功。
传统观念不转变	很多创业者是刚从学校出来的毕业生，而前人创业失败的例子，间接造成了他们的畏难心理，使得这些学生毕业后优先找工作，而不是创业。若创业遇到困难又会选择重新找工作，而不是解决创业问题。

◎ 股权投资新时代

在创新创业的大背景下，我国股权投资机构已经进入投资"狂热期"，且投资阶段越发前移。从 2004—2016 年，股权投资在国内发展迅速，股权众筹、股权融资等新型融资方式给许多企业带来了投资机遇，中国市场已经进入股权投资的大时代。

股权投资时代的迹象

天使投资越发活跃	目前，国内创业投资市场中后期项目投资竞争依然激烈，且投资回报水平下降，促使新兴行业发展态势及创业企业不断涌现，也在推动投资机构加大早期投资力度，介入天使及种子阶段的投资，以期挖掘和培养潜在优秀企业。
国企混改相继落地	新一轮国企的改革，为非公有制资本参与国企改革提供了政策上的保障。而作为多层次资本市场建设的重要一部分，私募基金的发展也受到了支持。双重机遇的出现，使得各大机构对参与国企改革的关注度出现了高涨。
并购市场持续热潮	在国内并购市场持续热潮的背景下，并购基金逐渐成为并购市场不可替代的重要金融产品，并购基金能够为企业储备更多的并购标的，使其在扩张模式下有能力通过产业资本的助力提速，缓解并购带来的资金压力，使企业有更大的发展空间。
新三板转板有望落实	新三板转板至创业板的相关制度有望得到落实，转板制度的推出有望为机构提供除 IPO 以外更多元化的退出方式，并有望成为机构的重要投资渠道。

股权投资的成功例子

①阿里巴巴

当年 1 元原始股，现在变成 16.14 元。

2014 年 9 月，阿里巴巴上市造就了几十位亿万富翁、上千位千万富翁和上万位百万富翁。阿里巴巴上市前注册资本为 1 000 万元，于美国时间 9 月 19 日纽约证券交易所上市，发行价为每股 68 美元，首日大幅上涨 38.07% 收于 93.89 美元，市值达到 2 586.90 亿美元。

②腾讯

当年 1 元原始股，现在变成 1.44 万元。

2004 年 6 月 16 日腾讯上市，造就了 5 位亿万富翁、7 位千万富翁和几百位百万富翁。腾讯上市前注册资本为 6 500 万元，2004 年 6 月在中国香港挂牌上市，股票上市以票面价值 3.7 港元发行。第二年股价开始发力飙升，直达 8.30 港元附近，年涨幅达 78.49%。此后股价一举突破 600 港元大关，总市值达到 1 500 多亿美元。

③百度

当年 1 元原始股，现在变成 1780 元。

2005 年 8 月，百度上市创造了 8 位亿万富翁、50 位千万富翁和 240 位百万富翁。百度上市前注册资本为 4 520 万美元，2005 年 8 月 5 日，成功登陆纳斯达克，股价从发行价 27 美元起步，一路飙升，开盘价 66 美元，收于 122.54 美元，上涨 95.54 美元。现股价已增长上百倍，百度现市值近 800 亿美元。

④格力电器

当年 1 元原始股，现在变成 1 651 元。

珠海格力电器股份有限公司于 1996 年 11 月 18 日在深圳证券交易所挂牌交易，当时总股本为 7 500 万元，每股净资产为 6.18 元，如今股价达到 41.19 元，总市值达到 1 238.94 亿。

与众筹面对面的交流

众筹即大众筹资或群众筹资，是 Crowdfunding 的中文翻译，由发起人、投资者和众筹平台构成，是指一种向群众募资，以支持发起的个人或组织的行为。众筹利用互联网和 SNS 传播的特性，让小企业、艺术家或个人对公众展示他们的创意，争取大家的关注和支持，进而获得所需要的资金援助。

◎ 弄清什么是众筹

现代众筹是指通过互联网方式发布筹款项目，并募集资金。只要是用户喜欢的项目，都可以通过众筹方式获得项目启动的第一笔资金，它为更多低成本经营或从事创新行业的创业者提供了无限的可能。

众筹的特点

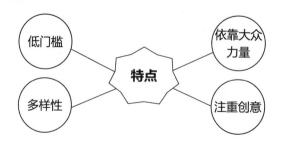

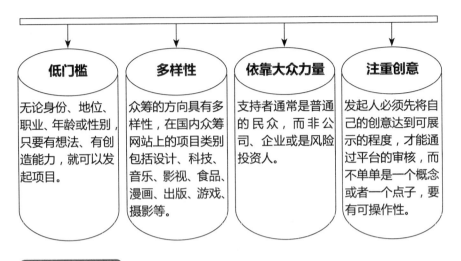

众筹的规则

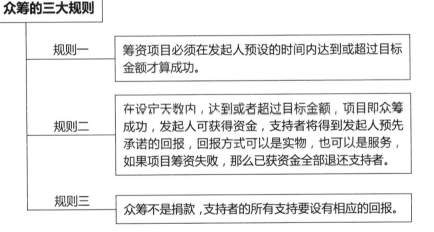

◎ 众筹的发展历程

在全民创业的浪潮下，众筹成为中小型企业尤其是初创团队融资一条最有效的途径。近几年，众筹经历了爆发式的增长，但并不能说明众筹是近几年才出现的。其实，众筹在国外已经出现很多年了，只是在国内起步比较晚而已。

案例陈述

自由女神像的设计者是法国人巴托尔迪，在设计出自由女神像之前，先后向埃及总督、美国总统和政要们提出过设计自由女神像的想法，但由于需要花费大量资金，都被婉拒了。

于是巴托尔迪只好回到法国，但他并没有放弃自由女神像的梦想。3 年后，在朋友们的帮助下，一个为塑像筹款的委员会——美法联盟成立。委员会决定法国方面将筹款建造塑像，美国将负责放置塑像的底座。1876 年，当第一笔捐款筹集到后，巴托尔迪开始建造他梦寐以求的塑像。由于时断时续的捐款，让巴托尔迪的建造工程进行得很缓慢。

为了能让自由女神像的制作顺利完成，巴托尔迪和筹资委员会开始制定分级的众筹方案，并设定丰厚的众筹回报。例如，有个级别是巴托尔迪亲自签名的限量版自由女神像模型。通过此次众筹，巴托尔迪成功得到了完成塑像需要的 75 万美元。

巴托尔迪这边已经快要完成塑像了，但美国那边却迟迟没能做成塑像底座。著名的新闻家普利策，在得知自由女神像项目因为没有资金建造底座即将面临失败时，在他的《纽约世界报》上发起了一个众筹项目：只要为自由女神像捐助 0.1 美元，捐助者的名字就可以印在《纽约世界报》上，若捐助更多，还可以获得更丰厚的回报。

这个众筹项目运行了大约 6 个月的时间，得到了 12.5 万人的捐款，最终筹募得到的款项超过 10 万美元，自由女神像也在 1886 年 10 月 28 日正式落成。

从上面的案例可以看出，众筹这种筹资模式在很早就已经出现了，虽然当时没有明确规定该筹资模式是众筹，但它却基本符合众筹的概念与特点。

众筹的发展

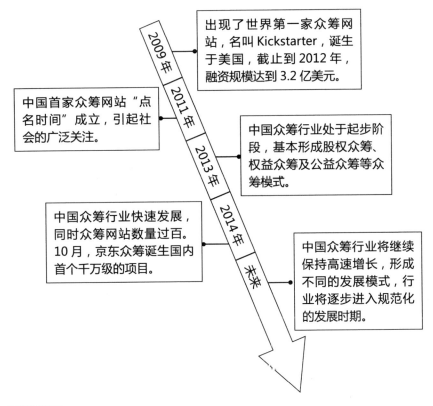

2009 年 出现了世界第一家众筹网站，名叫 Kickstarter，诞生于美国，截止到 2012 年，融资规模达到 3.2 亿美元。

2011 年 中国首家众筹网站"点名时间"成立，引起社会的广泛关注。

2013 年 中国众筹行业处于起步阶段，基本形成股权众筹、权益众筹及公益众筹等众筹模式。

2014 年 中国众筹行业快速发展，同时众筹网站数量过百。10 月，京东众筹诞生国内首个千万级的项目。

未来 中国众筹行业将继续保持高速增长，形成不同的发展模式，行业将逐步进入规范化的发展时期。

小贴士

我国的股权众筹可以分为 3 个历程，分别是众筹 1.0 时代（垂直类众筹网站萌芽）→众筹 2.0 时代（巨头涌入）→众筹 3.0 时代（市场格局初定），迈向场景时代。

◎ 众筹投资的优势有哪些

众筹投资风险小、收益大，对于众多初创企业来说，比起向机构借贷，从对项目感兴趣的投资人中募集资金无疑是更好的选择。所以不管是项目发起人还是支持人，都可以从众筹中获得好处，这也是众筹所具备的基本优势。

企业众筹具有的优势

信息开放 相对于传统的融资方式，众筹更为开放，具有草根化、平民化的特点。在平台上展示项目，可以让更多的媒体和投资人获取项目信息，网民可以选择自己喜欢的项目进行支持。

融资风险 众筹融资的优势是当发起人收到启动资金后，只需提供针对捐赠者的回报即可。支持者对一个项目的支持属于购买行为，而不是投资行为，所以众筹融资的创业者不用担心接受捐赠资金后，如果失败就不能返还那些支持者的钱。

充分营销 企业通过众筹，可以提高公众的认知，在个人的基础上建立良好的社交关系，还可以让支持人感觉自己也是这个事业中的一部分，进而提高自身对项目的支持力度。

企业宣传 创业者开始通过众筹来获取资金时，需要在社交网络中进行宣传和推广，吸引更多的支持者。对于刚刚创建的企业来说，这样做能够为创业者提高知名度省下时间和金钱成本。无论众筹的结果如何，都可以让更多的人认识自己。

拓展渠道 众筹平台作为第三方信息平台，将投资人与融资人直接连通，解决了二者之间信息不对称的问题，实现各方面的信息聚集，为注重传播与宣传的众筹融资提供了一个免费、有效的宣传途径，进而能够更快、更好地为创业者获得发展资金。

吸引客户 发起众筹项目可以让创业者有更多的机会与他人交流，那些支持者会因项目的创意而和创业者产生共鸣，进而对创业者的事业产生兴趣。每笔捐赠都是一个搭建人际关系网络的好机会，长期的支持者由此而来。

投资者支持众筹具有的优势

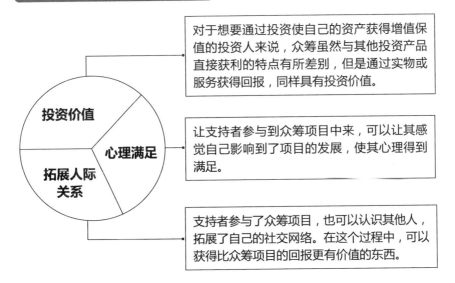

投资价值

对于想要通过投资使自己的资产获得增值保值的投资人来说，众筹虽然与其他投资产品直接获利的特点有所差别，但是通过实物或服务获得回报，同样具有投资价值。

心理满足

让支持者参与到众筹项目中来，可以让其感觉自己影响到了项目的发展，使其心理得到满足。

拓展人际关系

支持者参与了众筹项目，也可以认识其他人，拓展了自己的社交网络。在这个过程中，可以获得比众筹项目的回报更有价值的东西。

◎ 众筹商业模式的价值逻辑

想要构成一个商业模式，首先需要满足的就是每个参与者都要有利可图。虽然我国的众筹还处于起步阶段，但其商业模式已经很成熟了，与其他商业模式一样，众筹商业模式的核心逻辑就是创造价值。

价值创造的核心逻辑

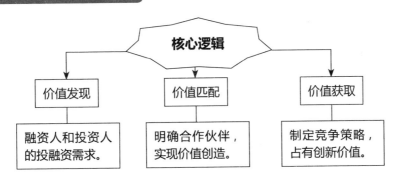

核心逻辑

价值发现	价值匹配	价值获取
融资人和投资人的投融资需求。	明确合作伙伴，实现价值创造。	制定竞争策略，占有创新价值。

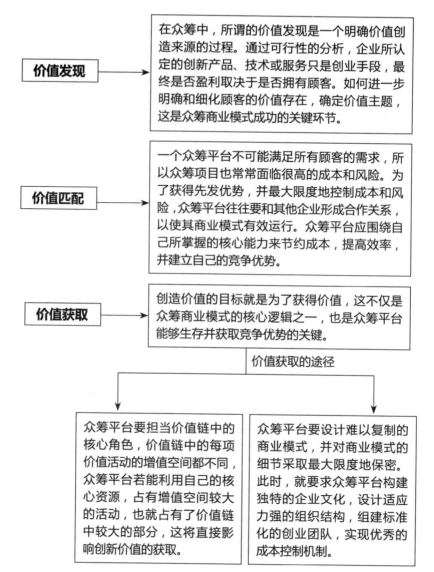

价值发现

在众筹中，所谓的价值发现是一个明确价值创造来源的过程。通过可行性的分析，企业所认定的创新产品、技术或服务只是创业手段，最终是否盈利取决于是否拥有顾客。如何进一步明确和细化顾客的价值存在，确定价值主题，这是众筹商业模式成功的关键环节。

价值匹配

一个众筹平台不可能满足所有顾客的需求，所以众筹项目也常常面临很高的成本和风险。为了获得先发优势，并最大限度地控制成本和风险，众筹平台往往要和其他企业形成合作关系，以使其商业模式有效运行。众筹平台应围绕自己所掌握的核心能力来节约成本，提高效率，并建立自己的竞争优势。

价值获取

创造价值的目标就是为了获得价值，这不仅是众筹商业模式的核心逻辑之一，也是众筹平台能够生存并获取竞争优势的关键。

价值获取的途径

众筹平台要担当价值链中的核心角色，价值链中的每项价值活动的增值空间都不同，众筹平台若能利用自己的核心资源，占有增值空间较大的活动，也就占有了价值链中较大的部分，这将直接影响创新价值的获取。

众筹平台要设计难以复制的商业模式，并对商业模式的细节采取最大限度地保密。此时，就要求众筹平台构建独特的企业文化，设计适应力强的组织结构，组建标准化的创业团队，实现优秀的成本控制机制。

小贴士

为了实现价值匹配，众筹平台可以开展一系列的商业运作。例如，核实项目发起人的身份、制作项目推广计划及调查项目的完成能力和完成情况。

众筹创业前，应谨慎思考的问题

众筹既可以让创业者获得需要的创业资金，也可以让创业者面临诸多问题。所以在众筹创业之前，应该谨慎考虑这些问题并积极面对。

◎ 众筹平台盈利的问题

作为一种新型的互联网金融模式，众筹通过互联网方式发布筹款项目并募集资金，最终实现了项目发起人、投资人和众筹平台三方的合作共赢。

众筹平台的盈利模式

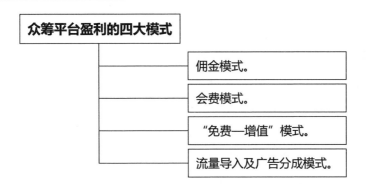

佣金模式
即众筹服务费，当前大部分主流众筹平台都选择向成功的项目按照募资总额的一定比例抽取佣金，作为自己的主要盈利来源，如美国众筹平台 Kickstarter 收取的比例是项目融资额的 5%。

会费模式
该模式比较少见，不过国外一些众筹平台已经开始尝试并提供这种"会员"或"认购"收费服务。使用会费模式，会员需要按月支付一定费用。好处是在平台中发起的众筹项目成功后，平台会减免部分佣金。

"免费—增值"模式
众筹平台除了提供项目投融环节的风控、策划、合同及路演等方面的常规服务外，还能结合自己的平台优势及线下资源提供专业咨询服务。同时可以更大程度地参与到投资资本的运作当中，以此收取相应的费用获得盈利。

流量导入及广告分成模式
众筹平台可以利用自己的平台影响力尝试进行外部流量导入，如开展合作营销、广告分成等。不过，这部分收入相对较少，无法单独支撑起平台的发展，所以还需要结合其他盈利模式。

众筹平台盈利模式存在的问题

由谁来支付手续费的问题，一直以来都是众筹发起人与支持者争论的焦点。目前，国内大部分的众筹平台都是从众筹总额中抽取手续费，也就是由项目发起人支付。

众多众筹平台收取手续费没有一个统一的标准，有的平台是直接收取一笔项目手续费，而有的平台是按照融资总额收取一定比例的手续费。

盈利模式的 4 个问题

在国内的众筹项目中，收取众筹手续费一般都比较困难，而且有的项目的手续费用很低，即便是收取了也没有多大的意义。

众筹平台还有一个比较大的问题，就是后台的操作，许多众筹参与者在后台已经建立好了合作关系，而实际却没有进行投资，这就给平台和许多普通投资者造成了误导。

◎ 众筹在国内的环境问题

众筹在国内的发展时间较短，面对如此庞大的市场，不成熟的外部环境使得众筹的发展面临着诸多困难和挑战，这也容易导致众筹受挫，最终以失败告终。

众筹的法律规范不到位

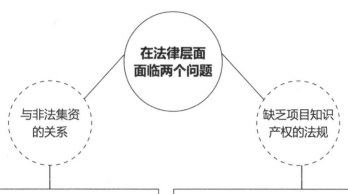

对于众筹模式来说，首先需要在法律上为其正名。当前，国内许多众筹平台在打着"互联网金融的创新力量"口号的同时，还需要极力撇清自己与"非法集资"的关系，这是一种非常尴尬的处境。

对于项目及项目的发起人来说，知识产权法律保护的缺失也是阻碍众筹发展的一大因素。高质量的项目是众筹发展的基础，知识产权的保护首先保障的是项目发起人的利益，其次才是吸引投资的注意力。但项目在众筹平台上的公开展示，使得对知识产权的保护变得很困难。

非法集资的特征

未经有关部门依法批准或者借用合法经营的形式吸收资金。

通过媒体、传单及手机短信等途径，向社会公开宣传。

承诺一定期限后以货币、股权等方式还本付息或者给予相应回报。

向社会公众吸收资金，但未向社会公开宣传（在亲朋好友间针对特定对象吸收资金，不属于非法集资）。

信用制度缺失与投资习惯不适应

信用制度缺失

国内众筹虽然比较火热，但仍缺乏成型的监督规范，投资人的权益得不到法律保障，全靠融资人自觉来管理运用这些筹资，所以无法在一个虚拟环境里保证融资人的诚信。

投资习惯不适应

现代众筹最开始出现在美国，是美国创投行业发展程度较高的创新成果，在经济条件较好的西方更容易被投资人接受。但东西方文化毕竟存在差异，所以在中国推广众筹并不容易。

补充说明

与国外健全的信用机制相比，国内信用制度仍处于建设阶段，致使互联网的信用监控机制比较脆弱，欺诈事件并不少见。虽然众筹平台投资人和融资人之间设立了第三方交易资金，但交易成本增加，且第三方监管能力有限，并不能保证资金的安全。

体现在两方面

众筹所吸引的投资人，具有非常明显的时代特征，即熟悉互联网，大部分都是"80后""90后"等。这部分投资人具有开放的思维，积极接触新事物等特点，但他们积累的财富较少，所以投资能力也非常有限。

国内的许多投资人具有一个很明显的特点，就是习惯亲朋好友的介绍与推荐，因此人际关系就显得尤为重要。非专业的投资人偏好在自己的社交朋友圈中选择投资，网上投资很难使其放下戒心。

◎ 知识产权的问题

前面介绍到知识产权是众筹项目中一个非常重要的法律问题，想要弄清楚该问题，还需要弄清楚到底什么是知识产权，它会涉及哪些法律问题。

知识产权的分类

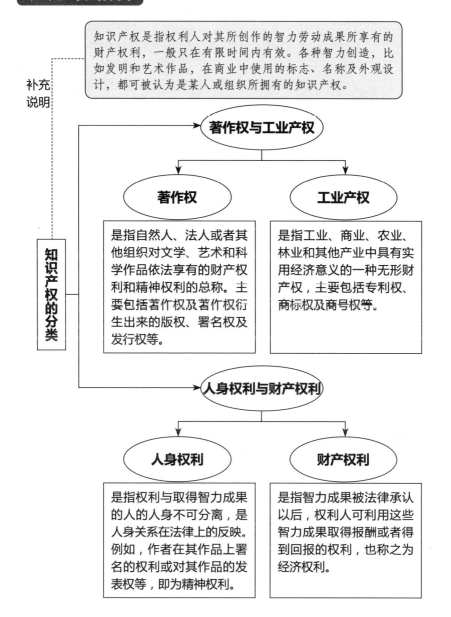

补充说明

知识产权是指权利人对其所创作的智力劳动成果所享有的财产权利，一般只在有限时间内有效。各种智力创造，比如发明和艺术作品，在商业中使用的标志、名称及外观设计，都可被认为是某人或组织所拥有的知识产权。

知识产权的分类

著作权与工业产权

著作权

是指自然人、法人或者其他组织对文学、艺术和科学作品依法享有的财产权利和精神权利的总称。主要包括著作权及著作权衍生出来的版权、署名权及发行权等。

工业产权

是指工业、商业、农业、林业及其他产业中具有实用经济意义的一种无形财产权，主要包括专利权、商标权及商号权等。

人身权利与财产权利

人身权利

是指权利与取得智力成果的人的人身不可分离，是人身关系在法律上的反映。例如，作者在其作品上署名的权利或对其作品的发表权等，即为精神权利。

财产权利

是指智力成果被法律承认以后，权利人可利用这些智力成果取得报酬或者得到回报的权利，也称之为经济权利。

知识产权的特征

知识产权的五大特征

专有性	即独占性，除权利人同意或法律规定外，权利人以外的任何人不得享有或使用该项权利。这表明权利人独占或垄断的专有权利受严格保护，不受他人侵犯。
地域性	即只在所确认和保护的地域内有效，除签有国际公约或双边互惠协定外，经一国法律所保护的某项权利只在该国范围内发生法律效力。
时间性	即法律对各项权利的保护都有一定的有效期，各国法律对保护期限的长短可能一致，也可能不完全相同，只有参加国际协定或进行国际申请时，才对某项权利有统一的保护期限。
绝对权	类似于物权中的所有权，是对客体直接支配的权利，可以使用、收益、处分及为他人支配。同时，具有排他性、移转性等属性。
法律限制	虽然是私权，法律也承认其具有排他的独占性，但因人的智力成果具有高度的公共性，与社会文化和产业的发展有密切关系，不宜为任何人长期独占，所以法律对知识产权规定了很多限制。

常见限制

从权利的发生来看，法律为之规定了各种积极和消极的条件及公示的办法。例如，专利权的发生须经申请、审查和批准。	在权利的存续期上，法律都有特别规定，这个要求使知识产权与其他所有权存在很大的不同。	权利人负有一定的使用或实施的义务，法律规定有强制许可或强制实施许可制度。对于著作权，法律还规定了合理使用制度。

案例陈述

　　由于当前众筹项目的知识产权没有明确的规范，因此众筹平台上的创意项目就无法保证是否被他人抄袭。例如，在众筹网平台中（http://www.zhongchou.com/），搜索"手工艺"关键字就可以查看许多相似的众筹项目。

　　因此，在实际的众筹活动中，项目发起人和投资人都无法判断到底是谁抄袭了谁的项目创意，但作为众筹项目的参与者，可以通过以下方式来避免众筹中的知识产权问题。

| 如果发起人的项目持有国家的专利权，那么可以与众筹平台签订相关协议，禁止出现相同或类似的项目。 | 对项目进行包装时，需要注意的是，不要将项目的细节通过关键词展示出来。对于专利证书，可以通过图片进行展示。 | 对股权类的众筹项目，由于其回报是股权，所以要注意知识产权的保护，不然容易引起一些不必要的纠纷。 | 投资人在投资项目前，一定要仔细研究项目的细节，不可盲目进行。如果投资了侵权的项目，容易得不偿失。 |

透过案例来看众筹的 4 种模式

国际上已经有不少针对众筹平台的研究，而国内的众筹也发展成了一种非常成熟的投资方式。目前，众筹可以分为 4 种模式，分别是捐赠式众筹、回报式众筹、股权式众筹和债券式众筹。其中，捐赠式众筹和回报式众筹可以看作购买模式，股权式众筹和债券式众筹可以看作投资模式。

◎ 捐赠式众筹

捐赠式众筹主要是发起人通过众筹平台发起公益项目来进行资金或者实物筹资，投资人对项目进行无偿捐赠。其发挥了众筹的优势，让捐款变得更加有效，也让捐款人更有信心自己的捐款会落到实处。

捐赠式众筹的几大成功要素

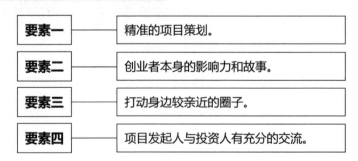

要素一	精准的项目策划。
要素二	创业者本身的影响力和故事。
要素三	打动身边较亲近的圈子。
要素四	项目发起人与投资人有充分的交流。

案例陈述

【项目名称】

Island of Hope 非洲贫民窟希望众筹计划

【项目发起人】

我们是一群来自世界各地的国际志愿者,从中国、美国、秘鲁、巴西、德国、葡萄牙、黎巴嫩、乌克兰和乌干达等地来到非洲肯尼亚的首都内罗毕,与当地大学生一起在贫民窟里进行国际志愿项目。

【项目介绍】

这个地方叫 Mukuru,是内罗毕最大的贫民窟之一,生活环境极度恶劣,房屋基本是由建筑废料搭建而成,时常没水没电,街道散发着恶臭。除此之外,近 2/3 的居民体内都含有 HIV,绝大多数人也患有疟疾、霍乱或肺结核等疾病。每天早晨,我们会分别赶往学校和医院。学校的午饭时间,在地上挖出的土坑是炉灶,碎木片和废炭是火源,一盆大米、三个番茄和五头包菜,被分给 300 多个 6~16 岁不等的孩子。可是,在这样的环境里我们仍能看到希望。

正是如此,学校几乎不收学费,大部分开支由校长支付,而学校所受的捐助马上快到期了,所以我们提出筹集捐款作为这所小学的日

常开支。不过校长希望，在可能的情况下能在贫民窟里建设一所中学。

【资金用途】

筹得的所有钱款结余（除去众筹网手续费、银行转账手续费和众筹回报成本费）将主要用于肯尼亚贫民窟 Mukuru 学校的基础建设（包括教室、厕所等）与书本购买。其中，小学日常开支每月为 10 500 元、新建中学土地购买费为 20 100 元、图书馆建设费为 14 070 元。

（1）如果"筹款结余 <10 050 元"，则将全部结余用于日常开销。

（2）如果"10 050 元 < 筹款结余 <20 100 元"，则将 10050 元全部用于小学的日常开支，其他结余用于书本购买。

（3）如果"20 100 元 < 筹款结余 <34 170 元"，则将 20 100 元全部用于贫民窟新建中学的土地购买，其他用于新建中学建设。

（4）如果"34 170 元 < 筹款结余"，则将 20 100 元全部用于贫民窟新建中学的土地购买，14 070 元用于图书馆建设，其他结余用于新建中学的教室和厕所建设。

【支持等级与回报】

本捐赠式众筹中共设置了 6 个等级的支持与回报，如表 1-1 所示。

表1-1　支持等级与回报

等级	回报
无私支持	感谢您的无私奉献，这份支持将助我们的梦想飞得更高更远
40 元	校长感谢信
120 元	感谢信 + 孩子感谢您的照片
300 元	以上 + 自制明信片 + 亲笔绘画
600 元	以上 + 亲笔感谢信 + 特别捐赠者
1 200 元	以上 + 全套明信片 + 亲手制作小礼物

◎ 回报式众筹

回报式众筹，即投资人投资该项目，项目发起人承诺项目成功后会向支持者发放产品或者服务，属于有偿服务的一种。这种回报方式根据参与金额的多少，给众筹参与者更加超额的实物。

回报式众筹的特点

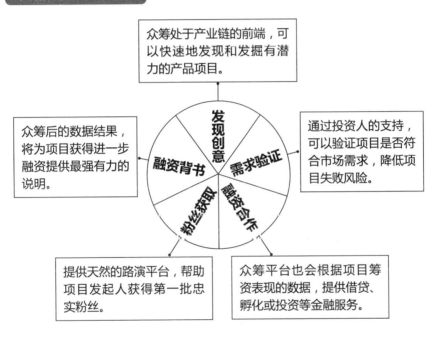

众筹处于产业链的前端，可以快速地发现和发掘有潜力的产品项目。

通过投资人的支持，可以验证项目是否符合市场需求，降低项目失败风险。

众筹后的数据结果，将为项目获得进一步融资提供最强有力的说明。

众筹平台也会根据项目筹资表现的数据，提供借贷、孵化或投资等金融服务。

提供天然的路演平台，帮助项目发起人获得第一批忠实粉丝。

发现创意　需求验证　融资合作　粉丝获取　融资背书

案例陈述

【项目名称】

我们是"90后"，我们种植自己的梦想

【项目发起人】

我们的团队成员都是"90后"在校大学生，分别来自天津、山西、山东、甘肃、河北和四川等地，团队成员之前有的是健身教练，有的是中小学代课教师，有的是兼职会计，还有的是大学的种植爱好者。我们因同一个梦想而紧紧联系在一起——自主创业，种植梦想！

项目发起人来自美丽的生态之城——四川省蒲江县，该县素有"绿色蒲江，天然氧吧"之称，是较早引进种植丑柑的地区之一，也是目前公认的丑柑最佳种植地之一。

【项目介绍】

我们的团队计划在蒲江县鹤山镇团结村 2～5 组自留地，承包 300 棵 5 年树龄的优质丑柑树，自己监管，用 220 多天的时间写出自己的丑柑种植日记，种出高品质生态丑柑，接受您挑剔味蕾的考验！

【支持等级与回报】

本回报式众筹中共设置了 6 个等级的支持与回报，如表 1-2 所示。

表 1-2　支持等级与回报

等级	回报
无私支持	感谢您的无私奉献，这份支持将助我们的梦想飞得更高更远
1 元	众筹成功结束后，每满 35 人，由众筹网官方抽出 1 名幸运用户获得高品质生态丑柑 2 500 克
15 元	回报高品质生态丑柑 1 500 克，需支付邮费
39 元	2 500 克高品质生态丑柑一箱，包邮

续表

等级	回报
198 元	将视为您支持了一株丑柑树，我们将为您挑选一株优质丑柑树，进行优质管理，并进行实名认证标识，该树今年所有的产量都归您所有，产量在 10 千克之内包邮，10 千克之上部分自付邮费
4 899 元	您将具有果园的联合冠名权，并且 30 株优质果树今年全部产量归您所有

◎ 股权式众筹

股权式众筹，即企业出售股份来筹资，投资者通过购买该公司的股份来进行投资，从中获得一定比例的股权，可享受该公司的未来权益等，其回报通常以股份、分红或者利润等为主。

股权式众筹的方式

股权式众筹的两种方式

直接股权投资

借助合伙企业间接投资

是指融资人在众筹平台上直接创建项目，并发起融资需求，投资人根据自己的风险承受能力、兴趣爱好及投资需求等，在认可融资人的项目后，通过众筹平台投入相关资金，与其他投资人共同促进该项目的进行，从而使每个投资人都获得股权的一种众筹方式。

该方式是在直接股权投资的基础上，多了一个银行与合作机构。首先股权众筹平台委托银行托管投资资金，投资人认购满额后将资金汇款到银行账户中，然后平台协助成立有限合伙企业，投资人按照出资比例获得有限合伙企业的股权，最后银行将资金转入有限合伙企业，有限合伙企业将资金投入融资企业，同时获得股权。

案例陈述

【项目名称】

一份美丽的礼物，一份爱的投资

【项目发起人】

美丽××——源自德国的高端专业美容护肤连锁机构

【项目介绍】

美丽××成立于1993年，企业已经发展了23年，目前已经在全国拥有140家门店和15万名高端会员。1993年，美丽××引进了德国DEYNIQUE美容院线专业品牌，将欧洲顶尖且成熟的美肤科技、产品理念引入中国美丽××，品牌开始定位于中国高端女性市场，为富裕人群、中产阶级女性提供高频、高品质的专业美容服务。

今后，企业将在互联网化方面持续投入，不断提高运营效率，优化顾客服务体验。而美丽××就是要成为信息化、互联网的智慧美业，成为美容和健康的连锁服务企业，所以需要通过众筹扩展门店。

【支持等级与回报】

每份1.2万元，限购一份，投资3年，上海美丽××将在3年后回收投资人的全部本金，投资人将获得4个方面的回报。

（1）第一项回报是消费回报：投资人获得累计1万元的护理消费金。投资后今年获得6 000元护理消费金，后两年每年可再获2 000元消费金。

（2）第二项回报是业绩分红：将按 200 个投资人计算，把营业收入的 4.3% 派发红利。

（3）第三项回报是作为投资人身份的象征，亲朋好友免单：当投资人的亲朋好友到投资的新店消费时，若是每月首次消费且在 680 元以内，则所有项目免单。

（4）第四项回报是引流奖励：作为投资人在为投资的门店中做出业绩贡献时，不但在业绩分红上有收获，自己也将获得直接奖励。

◎ 债券式众筹

债券式众筹与股权式众筹类似，投资人对项目或企业进行投资，获得其一定比例的债权，未来获取利息收益并收回本金，其对投资人的回报是按照约定的比例给予的利息，届时投资人不仅可以收回本金，而且还可以得到承诺的收益。

案例陈述

【项目名称】

资金周转

【项目发起人】

★★ZG_26181323356.yx（人人贷平台的 ID 名称）。

公司职员，现居四川省成都市，从事交通运输、仓储和邮政业行业，工作收入稳定，贷款用于资金周转。上述信息已经实地认证方友众信业公司考察认证。同时，经审核借款人所提供的资料真实有效，符合人人贷的借款审核标准。其中，融资人的具体信息如下。

昵称 ▓▓▓▓_26181323356.yx	信用评级 Ⓐ
基础信息	
年龄 38	学历 本科
信用信息	
申请借款 1笔	信用额度 102 500.00元
成功借款 1笔	借款总额 102 500.00元

【借款信息】

借款信息是债权式众筹中非常重要的一个方面，它主要包括表1-3所示的内容。

表1-3 债权式众筹中的借款信息

名称	内容
标的总额	102 500 元
年利率	9.60%
还款期限	36 个月
保障方式	用户利益保障机制
提前还款费率	0
还款方式	按月还款 / 等额本息
月还本息	3 280.00 元

【投标记录】

一次债券式众筹的投标记录需要明确展示，投资人可以通过这些记录判断是否进行投资，其具体如下图所示。

序号	投标人	投标金额	投标时间
1	▓▓▓▓gpig 📱	150.00元	2016-10-23 19:30
2	▓▓▓2008 📱	300.00元	2016-10-23 19:33
3	▓▓ 📱	50.00元	2016-10-23 19:34
4	▓▓▓▓zcy 📱	100.00元	2016-10-23 19:35

第 2 章

股权众筹那些事儿

近几年，互联网金融是 个比较热门的话题。其中，"股权众筹"就以互联网的思维切入股权投融资，这种思维已经深入各行各业，形成新的投融资模式，推动着经济形态不断演变。不过，不管是投资人还是融资人，在进行股权众筹投融资时，都必须先对其进行了解。

股权众筹的"使用说明"

许多创业者一听到股权众筹，就觉得非常困难，认为自己很难做到。其实不然，这只是因为创业者对股权众筹还不了解。下面来看看股权众筹"使用说明"，它可以使创业者快速对股权众筹的基础知识有一个简单的认识。

◎ 股权众筹的分类

从法律性质来看，股权众筹是指公司出让一定比例的股份，面向普通投资人筹资，投资人通过出资入股公司，获得未来收益。股权众筹有多种分类方式，每种分类方式又包含多种形式。

股权众筹的 3 种分类

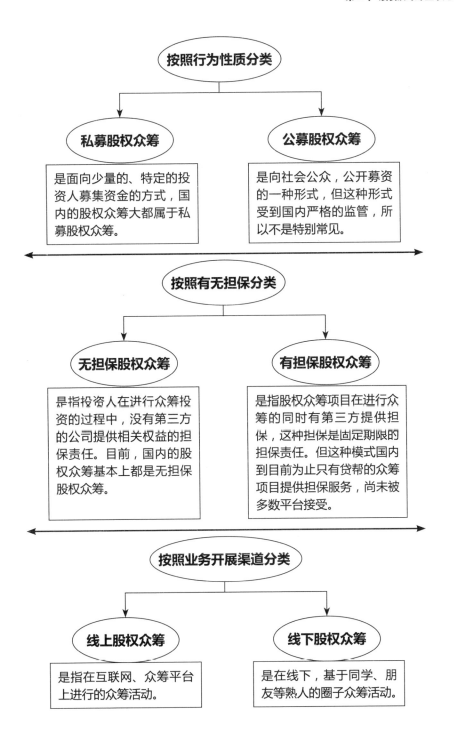

◎ 股权众筹参与主体之间的关系

主体是指整件事情，参与主体是指分支。而股权众筹运营中，主要的参与主体包括 3 个组成部分，分别是融资人、投资人和众筹平台，部分平台还会专门指定托管人。

股权众筹参与主体的组成部分

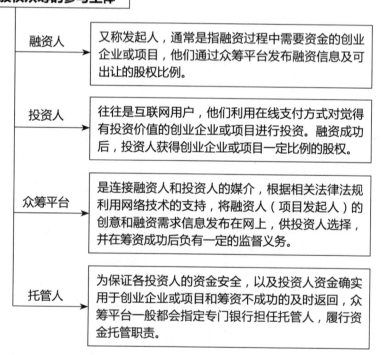

股权众筹的参与主体

融资人 ── 又称发起人，通常是指融资过程中需要资金的创业企业或项目，他们通过众筹平台发布融资信息及可出让的股权比例。

投资人 ── 往往是互联网用户，他们利用在线支付方式对觉得有投资价值的创业企业或项目进行投资。融资成功后，投资人获得创业企业或项目一定比例的股权。

众筹平台 ── 是连接融资人和投资人的媒介，根据相关法律法规利用网络技术的支持，将融资人（项目发起人）的创意和融资需求信息发布在网上，供投资人选择，并在筹资成功后负有一定的监督义务。

托管人 ── 为保证各投资人的资金安全，以及投资人资金确实用于创业企业或项目和筹资不成功的及时返回，众筹平台一般都会指定专门银行担任托管人，履行资金托管职责。

小贴士

在股权众筹的参与主体中，只有融资人、投资人和众筹平台三者的关系趋于平等，才有利于建立良好的众筹和创业秩序，切实帮助创业企业成长，同时也使投资人取得丰厚的投资回报。

◎ 股权众筹的资金监管与股权架构管理

在国内，股权众筹平台大多数都还在摸索中成长，所以对于投资人的资金监管没有一个统一的方式。同时，通过股权众筹，企业获得了资金，投资人成为众筹股东，但《中华人民共和国公司法》对企业股东人数有限制，这就出现了股权架构问题。

众筹平台对投资资金的监管方式

线上直接转账交易

此种方式容易导致投资人的投资缺乏理性思维，进而会出现融资人携款潜逃、虚构投资项目等的风险。

在该种方式中，投资人存在一定期限的犹豫期，可以避免其不理性的投资行为。不过投资人并不清楚自己的资金确实投资到了项目中，还是已被挪作他用。

线上洽谈，线下交易

第三方银行托管

这是许多众筹平台会选择的方式，既能保证投资人的资金安全和资金走向，还能对投资人的资金账户进行很好的监管。

股权众筹后的股权架构问题解决办法

委托持股

实名股东分别与多名众筹股东签订代持股协议，代表众筹股东持有众筹企业的股份。不过，工商登记仅体现该实名股东的身份。

有限合伙作为持股平台，融资人为普通合伙人，众筹股东为有限合伙人。由于众筹股东不参与企业管理，因此融资人以其普通合伙人身份管理和控制持股平台，从而控制持股平台在众筹企业的股份。

有限合伙

◎ 投资人的投资回报与退出机制

投资人投资股权众筹的目的就是为了获得回报，当投资达到自己的目的后，就需要考虑退出投资。对于股权众筹投资来说，"募投管退"是其绕不过去的环节，退出机制不完善是股权众筹一直存在的问题，不过这并不能说明投资人不能安全退出。

股权众筹投资人获得回报的方式

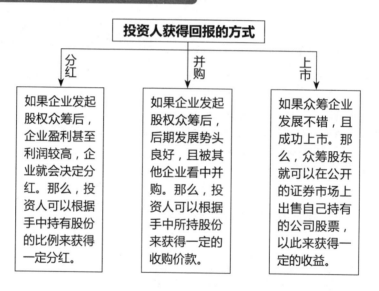

小贴士

投资人要想在股权众筹投资中获得回报，首先需要选择一个比较好的众筹平台，同时需要考虑该平台的风险控制能力如何，然后才考虑收益和分红。在众筹平台的选择上，可以从众筹平台的成立时间、注册规模、营业网点布局、ICP 注册备案及众筹平台的项目信息等方面进行评估。

投资人退出股权众筹的方式

投资人退出股权众筹的方式

含义：股权众筹退出机制是指投资人将所投入的资本由股权形态转化为资本形态，以实现资本增值或避免和降低财产损失的机制及相关配套制度的安排。

3 种退出方式

IPO	并购	回购
首次公开 IPO 是股权众筹投资人和创业者乐于见到的退出方式。因为一旦上市，股票价值将会得到巨大提升，企业价值也随之大幅度上涨，投资人所持有的股票可以获得爆炸性的增值，此时抛出可获得高额的资本收益。	如果企业的业绩尚未能够得到资本市场的认可，或者投资人不愿意接受 IPO 过于烦琐的手续和信息披露制度的约束，则可以采用并购的方式实现退出。目前，大部分投资人会通过并购退出，并购是最主要的退出方式。	回购是指按照投资协议的规定，在投资期限届满后，由被投资企业购回投资人所持有的公司股权。采用企业回购方式退出，当企业自身不能进行回购时，最好由公司实际控制人进行回购，这样投资人也能安全退出。

案例陈述

2014 年 10 月，积木旅行在天使客平台发起了一个众筹项目，并获得了 41 位投资人的投资。2015 年 6 月，积木旅行在获得某知名风投机构的 A 轮融资后，便开始筹划以一定的溢价来购买众筹股东手中所持有的股权。当积木旅行公开这个消息时，大部分的股东都同意退出，因为他们更关心账面收益何时到账。这次股权众筹退出非常顺利，不到半个月就完成了手续的办理，资金也准时转到了众筹股东的账户中。在积木旅行的这次股权众筹与退出的过程中，有 41 位投资人获得了 5 倍回报。这对于投资人而言，已经算是非常不错的收益了。

股权众筹运营的 3 种特殊模式

国内股权众筹的发展，从 2011 年开始出现至今，也就 6 年左右的时间。其间，产生了大量的众筹平台，如大家投、3W 咖啡、好投网、原始会及人人投等。目前，根据国内特定的法律法规，股权众筹的运营模式可分为凭证式、天使式和会籍式三大模式。

◎ 凭证式众筹：美微创投

凭证式众筹主要是指在互联网通过买凭证和股权捆绑的形式来进行募资，出资人付出资金取得相关凭证，该凭证又直接与创业企业或项目的股权挂钩，但投资者不成为股东。

案例陈述

2012 年 10 月，在淘宝网中出现了一家店铺，名为"美微会员卡在线自营店"，该店的店主是美微传媒的创始人。此次会员卡销售模式是消费者可以在淘宝店拍下相应金额的会员卡，但这并不是普通的会员卡，因为它除了可以享受"订阅电子杂志"的权益外，还可以获得美微传媒的原始股，单位凭证为 1.2 元，最低认购单位为 100 股。

美微传媒的店铺营销方式，就可以看作凭证式股权众筹。其第一次进行了为期 5 天的网络私募，成功筹资 40 万元，并在 2013 年 1 月，又启动了第二次网络私募。截止到 2013 年 2 月，美微传媒的两轮募集中，一共有 1 191 名会员对其进行了认购，募集资金为 120.37 万元。

不过，美微传媒的此次众筹却在网络上引起很大的争议，一些人认为有非法集资嫌疑。这也使得该次众筹还未全部完成，"美微会员卡在线自营店"就于 2013 年 2 月 5 日被淘宝网官方关闭。同时证监会也对美微传媒提出了如下图所示的 3 点要求。

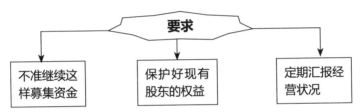

开展凭证式众筹的注意事项

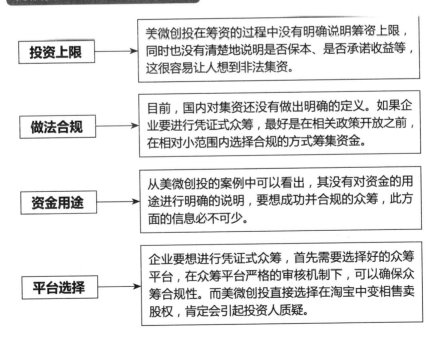

投资上限	美微创投在筹资的过程中没有明确说明筹资上限，同时也没有清楚地说明是否保本、是否承诺收益等，这很容易让人想到非法集资。
做法合规	目前，国内对集资还没有做出明确的定义。如果企业要进行凭证式众筹，最好是在相关政策开放之前，在相对小范围内选择合规的方式筹集资金。
资金用途	从美微创投的案例中可以看出，其没有对资金的用途进行明确的说明，要想成功并合规的众筹，此方面的信息必不可少。
平台选择	企业要想进行凭证式众筹，首先需要选择好的众筹平台，在众筹平台严格的审核机制下，可以确保众筹合规性。而美微创投直接选择在淘宝中变相售卖股权，肯定会引起投资人质疑。

◎ 天使式众筹：大家投

天使式众筹与天使投资或 VC 的模式有些相似，投资人通过互联网寻找投资企业或项目，付出资金后直接或间接成为该公司的股东。同时，投资人往往伴有明确的财务回报要求。

天使式众筹投资流程

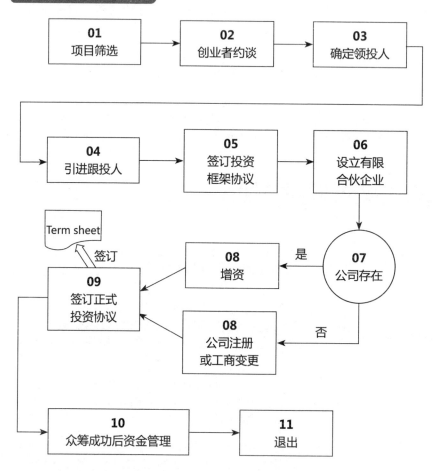

下面通过大家投网站为例，来具体介绍天使式众筹的运营模式。

案例陈述

2012 年，大家投的创始人想要创建一个网站，但是自己的资金有限，一直没有实现这个愿望。后来，他想到还有很多天使投资人手上可能有些闲钱，却找不到合适的投资项目，这些人可能是参与投资的最好选择。

于是，最开始的大家投网站雏形基本出现，从一开始它的定位就是股权众筹平台。在大家投网站上，将许多创业者的创业想法展示出来，然后将有投资意向的投资人聚集起来，这样就使创业企业与投资人建立了最直接的联系。

大家投网站成功上线后，在创业团队只有一个人的情况下，获得了 100 万元的融资，其中得到了 12 名投资人的支持，这就是天使式众筹的力量。

随后，大家投网站开始进行自身以外的众筹项目。例如，某创业企业需要融资 200 万元，出让 20% 股份，在大家投网站上发布相关信息后，A 做领投人，出资 20 万元；B、C、D、E 和 F 做跟投人，分别出资 30 万元、15 万元、40 万元、50 万元和 45 万元。融资额度凑满后，所有投资人按照各自的出资情况占有相应比例的股份。

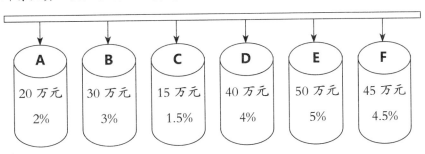

然后，转入线下成立有限合伙企业、签订投资协议及办理工商变更登记等手续，此时大家投网站中的该项目融资计划就算胜利完成。

◎ 会籍式众筹：3W 咖啡

会籍式众筹主要是指在互联网上通过熟人介绍，出资人付出资金，直接成为被投资企业的股东。

案例陈述

3W 咖啡是以股权众筹模式创办的新型咖啡馆，以咖啡为载体，为创业培训及风险投资机构寻找项目搭建平台。

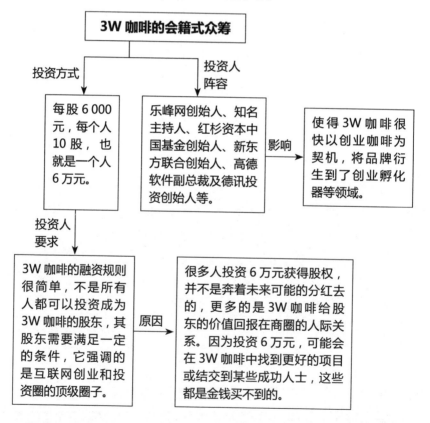

股权众筹运营的主要方式有 3 种，那么它们之间存在哪些区别呢？如表 2-1 所示。

表 2-1　3 种股权众筹运营模式对比

对比项目	美微创投	大家投	3W 咖啡
最低额度	120 元	一般最低 2 万～3 万元	60 000 元
单个项目投资人数	超过 1 000 人	不超过 40 人	200 人左右
适合人群	一般创业者	有一定号召力的普通创业者	小圈子意见领袖
投资人限制	没有限制	没有限制	小圈子
投资人目的	纯支持居多，小额且门槛低，财务回报的目的并不明确	既有支持目的，也有获取财务回报目的	投资人以股东身份进入行业圈子，无投资财务回报目的
投资人的持股方式	协议代持	投资人先成立有限合伙企业，再以有限合伙企业入股项目公司	协议代持
投资人的退出机制	公司溢价的 20% 回购	上市、并购和出售	无明确的退出机制
投资人对资金的管理	资金一次性到账，无监管	有一定领导能力的一般投资者	资金一次性到账，监管机制不成熟
投前决策	项目资料检查与调查、估值议价流程	领投人负责项目分析、尽职调查和估值议价，跟投人约谈创业者	项目资料简单，更多的是看融资人的魅力和圈子情况
投后管理	参与股东大会行使完整股东权力	领投人参与董事会行使权力、跟投人在合伙企业内行使合伙人权力	参与股东大会行使完整股东权力
适合企业类型	新产品、创意、文化和传媒	高风险、高回报的科技型企业	会所、餐饮等高频消费中高端服务场所

小贴士

3W 咖啡并不是一家普通的咖啡馆，它还包含多种投资活动，同时也会定期组织沙龙和聚会，促进创业者与投资人或股东之间的交流。

股权众筹成功的三大核心

虽然股权众筹与传统股权融资相比，可以更加有效地将投资人和融资人连接在一起。但是与火热的 P2P 网贷相比，就显得逊色很多。那么，如何避免这种尴尬的局面呢？此时就需要先来看看股权众筹的三大核心问题，也就是股权众筹模式的核心与关键要素。

◎ 股权众筹，须厘清"游戏规则"

"游戏规则"是指为了确保投资人和融资人在股权众筹中的合法权益，众筹项目在发起前，需要制定与此次项目的相关规则，该规则一旦确立，就不能随意修改，参与者也必须遵守规则。

股权众筹有哪些规则

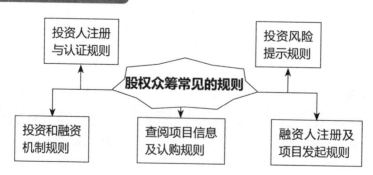

投资人注册与认证规则

投资风险提示规则

股权众筹常见的规则

投资和融资机制规则

查阅项目信息及认购规则

融资人注册及项目发起规则

投资人注册与认证规则

由于股权众筹需要投资人具备更高的风险承受能力，因此各大股权众筹平台对投资人设置了更为严格的投资门槛与条件。如果投资人要进行股权众筹，首先需要根据规则进行注册与认证。

效果 →

通过认证后，投资人可以正式成为股权众筹平台的合格投资人；反之，则不能成为平台注册投资人，也不可以获取平台融资项目的信息，更不能进行股权投资。

投资风险提示规则

在股权众筹平台发起的众筹项目，基本处于企业的创业初期，所以风险也可能很大。因此，在面向普通投资人时，需要适当地提示投资风险，告知投资人的风险类型及后果。

效果 →

对投资人进行投资风险提示，这样不仅是对投资人负责，而且也可以减少纠纷的产生。

投资和融资机制规则

为了确保投资人与融资人之间快速达成交易，最好事先制定好投资与融资机制规则。例如，指定领投 + 跟投规则、合投规则等。

效果 →

使用投资和融资机制规则后，可以提高投融资交易的达成率，减少了谈判、签约与操作等投资与融资成本。

查阅项目信息及认购规则

为了保证投资人的合法权益，降低投资风险，需要设置投资人查阅融资项目信息及认购的规则。该规则是指股权众筹平台采取的分隔方式，使一部分投资人可以看到投资项目的具体信息，另一部分则无法看到。

效果 →

通过设置查阅项目信息及认购规则，可以提高项目交易的成功率，减少不特定的因素，将投融资过程尽可能限定在特定的范围内，减少公募的概率，最终实现交易。

融资人注册及项目发起规则

为了保证项目成功融资及融资后的管理，股权众筹平台需要对融资人进行注册与认证。这是平台应该负起的责任与义务，同时也是保障投资人权益的最好举措。	通过认证的融资人有权在股权众筹平台上提交项目并发起申请，只要项目通过了股权众筹平台的审核，就可以让投资人进行投资。

效果→

◎ 股权众筹融资需要项目好

创业企业想要在股权众筹平台中，使自己的股权"卖出好价钱"，那么就需要看创业企业的股权是否有价值。简单来说，就是企业进行股权众筹的项目是否靠谱。

判断股权众筹项目是否靠谱的方法

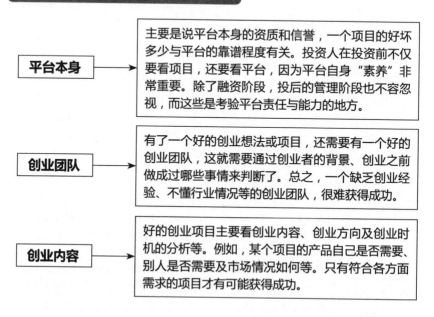

平台本身 → 主要是说平台本身的资质和信誉，一个项目的好坏多少与平台的靠谱程度有关。投资人在投资前不仅要看项目，还要看平台，因为平台自身"素养"非常重要。除了融资阶段，投后的管理阶段也不容忽视，而这些是考验平台责任与能力的地方。

创业团队 → 有了一个好的创业想法或项目，还需要有一个好的创业团队，这就需要通过创业者的背景、创业之前做成过哪些事情来判断了。总之，一个缺乏创业经验、不懂行业情况等的创业团队，很难获得成功。

创业内容 → 好的创业项目主要看创业内容、创业方向及创业时机的分析等。例如，某个项目的产品自己是否需要、别人是否需要及市场情况如何等。只有符合各方面需求的项目才有可能获得成功。

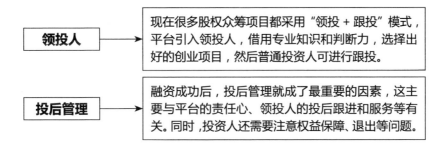

领投人	现在很多股权众筹项目都采用"领投＋跟投"模式，平台引入领投人，借用专业知识和判断力，选择出好的创业项目，然后普通投资人可进行跟投。
投后管理	融资成功后，投后管理就成了最重要的因素，这主要与平台的责任心、领投人的投后跟进和服务等有关。同时，投资人还需要注意权益保障、退出等问题。

◎ 投资人权益的保障机制

股权众筹对促进企业的发展具有积极作用，为了更好地规范其发展，中国证券业协会推出了《私募股权众筹融资管理办法》（简称《管理办法》），该文件在一定程度上防范了金融风险，保护了投资人的合法权益。

《办法》的好处与不足之处

《私募股权众筹融资管理办法》的利与弊

好处 / 不足之处

在《私募股权众筹融资管理办法》文件中，明确了投融资主体和股权众筹平台的权利与义务，在很大程度上缓解了股权众筹监管缺位的情况。

尢法规制和防范股权众筹中方方面面的风险，如对融资人的范围、禁止行为及指责等有较为严格的要求，但融资人在完成融资后，就不再管投资人，对股东提出的合理要求予以推脱甚至不予理睬。

解决办法

首先，股权众筹中引起的纠纷所涉及的法律较多，如《中华人民共和国公司法》《中华人民共和国合同法》等。一般来说，股权众筹没有创新法律责任，而仅仅是创新法律责任的表现形式。只要弄清楚了这个问题，就能在各个法律部门找到原因，进而做好股权众筹的风险预防，并维护自身的权益。

其次，对于投资人来说，需要认清股权众筹的高风险，并谨慎参与投资，因为许多投资人往往为了获得收益而迷失自己，进而忽略其背后隐藏的风险。在股权众筹市场运行尚待成熟的情况下，投资人应当更加理性地看待股权众筹，尤其是认识到其投资的属性。

股权众筹侵犯投资人权益的表现

融资过程不规范

股权众筹中，很多融资人与投资人都会通过线下转账，口头约定双方的权利和义务。由于没有签署具体的股份认购协议，一旦发生纠纷则很难认定其性质。

企业治理不规范

许多初创企业的融资人比较注重产品研发，而不是很注重企业管理，他们在融资成功后，由于缺乏企业管理的经验并疏于管理，使股东权益难以得到保障。

股东权利被削弱

投资人在完成投资后，就不再受到融资人关注，项目运作情况、资金使用情况也不能及时知道，股东的知情权严重受损，其股东身份被"弱化"。

出现上述表现的两个原因

融资人与投资人在股权众筹中处于信息不对等的地位，也就是融资人在资金使用、盈利状况等信息的掌握上占有优势，而投资人知道的信息却很少，这就使得股东难以全面了解企业的运营情况，更不能实行表决权、知情权等权利。

投资人的法律意识非常薄弱，这也使得融资人在股权众筹的合同签订、信息披露及议事规则等方面"钻了空子"，这些不规范的因素，最终会导致在整个股权众筹过程中，给投资人带来巨大的法律与投资风险。

面对上述问题，投资人该如何做

对企业进行调查

主要包括两个方面，一是关注股权众筹平台的信息披露，如融资计划书、经营管理、资金使用等情况；二是尽可能多接触创业企业，并全面收集其信息，以减少信息不对等的情况。

书面规范双方的权利与义务

合同协议、投资协议及股份转让协议等涉及资金与重大事项的约定，一定要通过书面形式加以规范，这样可以有效保护自己的权益。

积极行使权利

在股权众筹的投后管理阶段中，股东应该积极主动地要求企业行使相关的股东权利，如表决权、知情权等。一旦出现了纠纷，也要积极为自己维权。

股权众筹如何发起

股权众筹作为一种在国内发展异常火热的众筹融资类型，其模式对我国社会创新创业和小微企业发展有着非常重要的意义。企业在发起股权众筹前，还需要了解股权众筹如何发起，如适合的项目、发起的模式及方案设计等。

◎ 哪些项目适合发起股权众筹

由于股权众筹具备操作简单、单位成本低及参与门槛低等特点，使得很多融资人和投资人都积极参与到股权众筹当中。不过，并不是所有项目都适合发起股权众筹。

股权众筹项目需要具备的性质

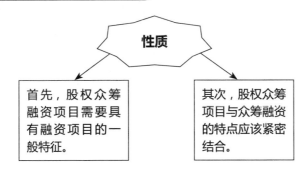

股权众筹项目需具备的一般特点

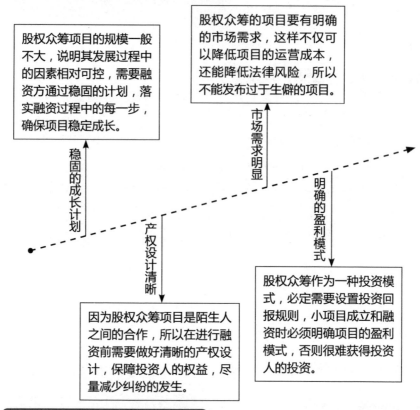

股权众筹项目的规模一般不大，说明其发展过程中的因素相对可控，需要融资方通过稳固的计划，落实融资过程中的每一步，确保项目稳定成长。

股权众筹的项目要有明确的市场需求，这样不仅可以降低项目的运营成本，还能降低法律风险，所以不能发布过于生僻的项目。

稳固的成长计划

市场需求明显

明确的盈利模式

产权设计清晰

因为股权众筹项目是陌生人之间的合作，所以在进行融资前需要做好清晰的产权设计，保障投资人的权益，尽量减少纠纷的发生。

股权众筹作为一种投资模式，必定需要设置投资回报规则，小项目成立和融资时必须明确项目的盈利模式，否则很难获得投资人的投资。

股权众筹项目需要符合的条件

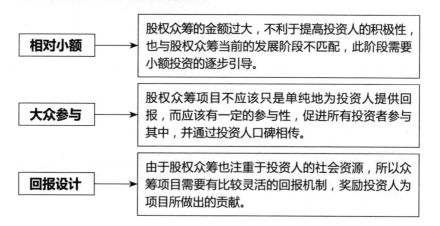

相对小额 → 股权众筹的金额过大，不利于提高投资人的积极性，也与股权众筹当前的发展阶段不匹配，此阶段需要小额投资的逐步引导。

大众参与 → 股权众筹项目不应该只是单纯地为投资人提供回报，而应该有一定的参与性，促进所有投资者参与其中，并通过投资人口碑相传。

回报设计 → 由于股权众筹也注重于投资人的社会资源，所以众筹项目需要有比较灵活的回报机制，奖励投资人为项目所做出的贡献。

◎ 股权众筹适合在线模式还是线下模式

目前，股权众筹的销售模式主要有两种，分别是在线模式和线下模式，那么该采取线下还是在线进行股权众筹呢？

在线模式和线下模式的比较

是指通过独立的第三方股权众筹平台发布股权众筹项目信息，以获取潜在投资人而进行股权投资的方式，由于股权众筹平台都是通过互联网来获取和吸引投资人的，所以该模式也就被称为在线股权众筹模式。

在线股权众筹模式

比较 →

在线模式获取投资人的能力更大、促成投融资交易的效率更高，可以给投资人更强的信任感，不过需要较大的交易成本，有时的交割效率也可能相对较低。

线下股权众筹模式

是指股权众筹融资人通过 SNS、微博等社交平台、线下路演或线下圈子发布股权众筹项目信息，以获取投资人进行投资的模式。由于该模式发布信息或达成交易基本都在线下进行，所以被称为线下股权众筹模式。

在线模式和线下模式的选择

进行股权众筹的最终目的

如果主要是为了获取具有非金钱资源的股权众筹项目，那么线下模式的针对性更强，成功率更高，如咖啡馆众筹、酒店式众筹更适合线下模式。

选择股权众筹模式的参考因素

融资人的社交圈子及资源

若创业企业的融资人在线下拥有非常广泛的社交资源和人际关系，则可以采取线下股权众筹模式。反之，则应当选取具有较大知名度的股权众筹平台进行在线股权众筹。

小贴士

在股权众筹还处于初期发展阶段的情况下，无论是线下股权众筹，还是在线股权众筹，采取O2O模式是最容易成功的，也就是线上模式与线下模式相结合。总而言之，股权众筹既可以在专门的第三方股权众筹平台发起，也可以在线下发起，不过在线股权众筹适合于陌生人市场，而线下股权众筹更依赖于熟人市场。

◎ 股权众筹方案的设计

要想成功发起一起股权众筹，制定出可行的股权众筹方案是十分必要的，这也是需要最先完成的工作，股权众筹能否成功离不开股权众筹方案的设计。

如何设计好股权众筹方案

做好股权众筹方案的操作

明确融资目的	股权众筹的目的就是创业者有一个想法，需要投资人的资源来实现这个想法。由于实现这个想法存在着风险，所以希望能够得到投资人实质性的帮助。
做好融资决策	通过宏观经济形势抓住融资机会，并结合自身及环境条件，提高融资效率。尽可能保持对企业的控制权，使企业长远发展，并选择最有利的融资方式。
增强融资能力	增强股权众筹融资能力包含有多个方面，分别是明确项目的盈利能力、提高企业的财务控制能力、落实新产品设计及完善商业计划的建立等。
利用平台资源	创业者和投资人在选择股权众筹融资平台时，不能只注重平台当前的规模和效率，还需要着重的关注平台能够提出哪些平台规范的标准，这些标准是否能够被其他平台接受。

如何增强股权众筹融资能力

提高企业的财务控制能力 → 想要管理好企业，最好的方式就是保证企业在日常财务上有足够的控制力。如果企业的流动资金枯竭，如订单货款没有及时回收、银行拒绝贷款等，企业就容易出现问题，所以需要保持对企业财务的控制。

规划好企业新产品的设计 → 创业项目需要通过创新来实现，而创新则需要通过新产品来表现。因此，新产品规划、设计及风险防范情况，决定了新产品按时推向市场的准确程度。

具有比较完善的商业计划 → 商业计划书能提供一种经营的模拟环境，来向投资人展示创业项目的可行性，并对具体经营计划提供依据。通过商业计划书，可以将创业项目展示得更加清晰，从而引起投资人的投资兴趣。

明确创业项目的盈利能力 → 创业者进行股权融资的最终目标是为了更好地盈利，投资人投资的项目也是为了通过股权增值而获利。所以能够有明确盈利预期的创业项目，更容易获得投资人的欢迎。

小贴士

投资股权众筹的投资人，主要在企业成长的过程中获利。如果融资人与投资人建立良好关系，则可以让投资人充分了解和参与创业项目的整个成长过程，使投资人对企业的发展和创业项目充满信心，进而为融资奠定良好的基础。

◎ 股权众筹融资操作流程

随着股权众筹如火如荼地发展，使得更多有闲余资金的普通投资人可以参与进来。但是对于股权众筹整个的投资流程，许多普通投资人和融资人并不是很了解，下面就来看看股权众筹的大致融资流程。

股权众筹融资的大致流程

选择股权众筹平台

融资人在发起股权众筹项目之前，首先需要选择适合的股权众筹平台。只有先了解各类平台，并对多个平台进行对比，选择一家优质的股权众筹平台后，才能使整个股权众筹过程更加顺利。

提交股权众筹项目

融资人向股权众筹平台提交项目策划或商业计划书，并设定拟筹资金额、股权比例及筹款的截止日期，随后股权众筹平台会对融资人提交的项目策划或商业计划书进行审核。

众筹平台进行预热

股权众筹平台审核项目通过后，将会对项目进行文字或者视频类包装，然后才上线在平台上进行展示预热，等待投资人的关注与投资。

项目进行融资

在平台中，对于预约与关注比较高的项目，平台会考虑对其进行融资，对该创业企业或项目感兴趣的个人或团队，可以在目标期限内承诺或实际交付一定数量的资金。

项目融资效果

目标期限截止，如果筹资成功，投资人与融资人签订相关协议；如果筹资不成功，资金就会退回各投资人手中。

CHAPTER
03

第 3 章

股权众筹项目设计与运作平台

参与股权众筹融资，融资人需要对项目进行设计，并将其在股权众筹平台中展示，而投资人则可以通过股权众筹平台进行投资。在国内外都有不少优秀的股权众筹平台，利用这些平台就可以达到融资的目的。

怎样设计一个好的股权众筹项目

股权众筹项目作为一个融资项目，其项目信息需要包含传统融资项目商业计划书中的一些基本信息，如企业信息、企业结构、经营情况及未来规划等（第6章将会详解）。但对于股权众筹，除了这些基本信息外，还要注意一些重要的问题，这样才能使整个股权众筹项目设计得更好。

◎ 股权众筹的局限性

企业在设计股权众筹项目之前，首先需要了解股权众筹的局限性，这样才能清楚自己的企业是否适合进行股权众筹。

股权众筹存在两方面的局限性

两方面局限	融资额度低	国内股权众筹的融资额度普遍较低，一般在10万~1 000万元之间。这个融资额度可满足部分初创企业的实际需求，但对于许多初期至中期投入较高的科技类、制造类企业来说，只能说是杯水车薪。
	适合企业有限	股权众筹只适合从未进行过融资或只进行过少量对外融资的企业，因为该融资模式需要企业在众筹之前建立清晰的股权结构。如果初创企业在众筹之前已经接受过其他风险投资，股权结构就会比较复杂，对后续股权扩充和转让存在一定的约束。

小贴士

股权众筹虽然大大降低了创业企业参与的门槛，使投资人获得高回报，但是并没有改变投资风险。投资人在投资股权众筹项目时仍然具有成功率低、回报时间长等高风险，因此股权众筹平台都需要约定只有合乎法律或行业惯例的合格企业或投资人才能进行投融资。

◎ 判断股权众筹的发展趋势

不管是哪种融资模式，其未来如何发展，发展到哪种程度，都不是表面可以直接看出来的。此时，企业可以通过一些市场趋势或政策变化来进行判断，如果发展趋势好则可以进行股权项目融资。

股权众筹的发展趋势

监管制度明确化

证券业协会已出台《私募股权众筹融资管理办法（试行）（征求意见稿）》，配合《中华人民共和国证券法》《中华人民共和国公司法》等相关法律的修订，股权众筹的监管制度将得到明确化。

关于就《私募股权众筹融资管理办法（试行）

中证协发[20

拓展中小微企业直接融资渠道，促进创新创业和互联网金融健康
行了，协会起草了《私募股权众筹融资管理办法（试行）（征求意见
31日前以纸质或电子形式反馈我会，电子版发送至邮箱：wuzhg@s

系人：■■■■   联系电话：010-66■■■■

件：

私募股权众筹融资管理办法(试行)(征求意见稿)

关于《私募股权众筹融资管理办法(试行)(征求意见稿)》的起

官方众筹平台出现

2014 年，湖南省股权交易所推出"湘众投"股权众筹平台，被称之为首家官方背景股权众筹平台。"两会"结束后，其他省份的股权交易所也纷纷提出发展股权众筹平台的计划。

与 VC/PE 合作

当前，VC/PE（风险投资）开始选择与股权众筹平台进行合作，一些 VC/PE 还会直接选择做众筹项目的领投人。同时，VC/PE 还会自建或收购现有的股权众筹平台，如"联投汇"平台。

券商试水股权众筹

对于券商来说，互联网股权众筹存在潜在机会，于是开始纷纷试水，与股权众筹平台开始合作，并推出众筹项目。例如，原始会众筹平台就和许多券商进行过合作。

◎ 股权众筹项目的设计要求

企业想要提高股权众筹的成功率，一般情况下，需要从多个方面做好众筹项目的设计。

股权众筹项目设计重点

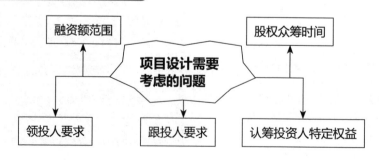

融资额范围

股权众筹项目中，除了要确定融资额度和出让股份外，还需要定义众筹成功的融资额范围。由于股权众筹项目面向大众，所以很有可能融资少于 100%，也有可能超过 100%。一般多为目标资金的 80%，融资人应对融资的上限做出规定，超出部分不再接受，因为会涉及股权稀释问题。

—— 案例陈述 ——

某股权众筹项目预期融资 100 万元，并出让 10% 股份。但实际情况中只获得融资 60 万元，由于项目发起人在说明中列出了融资上限为 150 万元，融资额的 50% 为可接受范围。所以此次股权众筹为成功，项目发起人同意融资这 60 万元，并出让 6% 股份。

股权众筹时间

传统融资项目设计商业计划书，一般是企业内部进行，不会对外公开，所以在融资期限上没有明确的规定，同时融资方案也可以根据需求进行调整。而股权众筹明确了项目的融资时间，并且不能对发布的信息进行修改。

—— 期限 ——

一般情况下，股权众筹的期限为正式对外公布后的 2 个月内，同时需要明确说明如果到期时融资金额却未完成，是否支持延长众筹时间，需要延长的时间为多少等。

领投人要求 —— 满足其中一个条件 ——

- 2 年以上的 VC/PE 基金经理级以上岗位从业经验。
- 2 年以上的创业经验。
- 3 年以上的企业总监及以上岗位工作经验。
- 5 年以上的企业经理级岗位工作经验。
- 两个以上天使投资案例。

—— 说明 ——

股权众筹成功后，通常全部投资人会共同成立一个合伙企业，由合伙企业持有项目发起企业的股权。执行合伙人将代表有限合伙企业进入项目企业董事会，履行投资方的投后管理责任，而执行合伙人一般是股权众筹的领投人。

跟投人要求

较强的风险承受能力。

较强的项目把控能力。

较强的学习能力。

补充说明

除了领投人之外，其他的投资人都是跟投人，《合伙企业法》中规定，有限合伙企业由2～50个合伙人设立，因此跟投人不能超过49人。不过在实际操作中，融资人会根据自身情况来设定投资人的数量，以及每位投资人可以投资的额度范围。

认筹投资人特定权益

投资人投资股权众筹项目的原因有很多，除了通过投资获得财富增值外，也有可能是企业或企业项目的忠实粉丝，这类投资人会很乐意参与项目的运行，成为企业前期种子客户或VIP客户。所以股权众筹除了获得资金外，还能使项目的发展得到投资人的帮助。

如何做

企业需要有效地运用股权众筹中的首批资源（投资人），给予这批众筹投资人某些特定权益，如产品使用权、服务终身免费权利等，这也是众筹项目设计时最吸引人的部分。

小贴士

有些投资人在确定了投资想法后，可能会对企业或项目进行多番考察，融资人也可以对投资人进行筛选，挑选出优质的投资人。投资人在签订了合伙企业协议后，才会将投资款项转入相应账户中，从产生投资想法到投资转账的过程中，会经历一个较长的周期，在这个周期中，投资人有可能会发生变动。此时，诚信管理就显得尤为重要，其规则同样需要融资人做好设计。

国内股权众筹运作平台

要进行股权众筹投融资，如何寻找可靠的股权众筹平台，是每一个投资人和创业者都需要考虑的问题。如果创业者有一个好的项目，但投放到了一个不好的股权众筹平台上，那么想要融资成功也是相当困难的事情，本节就来介绍一些可靠且具有潜力的股权众筹平台。

◎ 天使融资众筹平台——天使汇

天使汇是一个对接投资人和创业者的网络平台，相比传统的投融资方式，天使汇能够尽量减少 VC 条款中的不平等条款，还能帮助企业获得资金以外的战略资源，其网站首页效果如下图所示。

天使汇的服务对象与定位

天使汇服务对象 → 多数是初创者，融资成功后急需成立公司，但是对于注册公司的手续和流程并不熟悉的企业。天使汇上线的工商快速变更系统与天使汇的投融资平台合为一体，所有的手续都可以全部在互联网上进行，实现一站式服务。

天使汇的定位 → 以互联网为手段，为中小微企业和投资人提供生命周期的金融服务。

平台的运作流程

投资人入驻平台。

创业者在线提交项目。

天使汇专业分析师团队审核项目。

投资人浏览项目，天使汇给投资人推荐项目。

创业者和投资人约谈。

创业者和投资人签约。

平台价值

宣传推广 通过天使汇平台审核的项目，可以得到 Tech2IPO 专项报道的机会，然后快速走向市场，并为媒体所关注。

后续融资 天使汇平台为初创企业提供持续的融资支持，如 A 轮及后续融资等。

融资前的指导	天使汇平台的专业分析师团队会提出建议，协助融资人发现优势，并表达优势。同时，向创业团队提供商业计划书撰写、财务预测及投资协议等方面的指导。
实现融资	在天使汇平台中入驻的投资机构和投资人都经过严格考察，通过了解他们的需求，把恰当的项目推荐给恰当的人，力求实现快速融资。

下面我们就来了解一个在天使汇众筹平台上，通过股权众筹成功获得融资的案例。

案例陈述

经常使用手机打车软件叫车的用户对"滴滴打车"恐怕早有耳闻。2013 年 10 月，艾瑞集团发布打车软件唯一一份行业报告："滴滴打车"市场份额为 59.4%，超过其他打车软件市场份额之和。"滴滴打车"，是在 2012 年 9 月上线的打车软件，在 2014 年 5 月，该软件正式更名为"滴滴打车"，寓意"滴水之恩，涌泉相报"。

但许多用户并不知道，这款风靡全国各大城市的打车软件最开始的融资是通过互联网。而帮助"嘀嘀打车"获得融资资金，使其迈出创业第一步的融资平台是天使汇众筹网站。"滴滴打车"在此次网络平台的股权众筹过程中，获得了超额认购，总共获得了 1 500 万元的融资。

◎ 实体店铺融资的股权众筹平台——人人投

人人投是以实体项目为主的股权众筹服务平台，为创业者提供线上、线下项目路演等融资服务，为投资人筛选项目、提供项目运作等投资服务，充分实现资本的合理流动和资源的优化配置，其网站首页效果如下图所示。

人人投的项目特点

人人投的几大特点

专项投资	专注实体店面项目，主要以身边店铺为主，已有成功的经营理念与经验。
聚集资金	为项目融资方更快、更好地开更多的分店。
线上交易	为投资人搭建项目交流平台，实现投资方项目的洽谈与交易。
安全融资	项目融资方和投资人在融资成功后，人人投会收取一定比例费用，融资失败则不收取费用。
借力聚势	汇聚各界大众投资人，凝聚投资人的力量，助力项目发展。
灵活投资	投资金额2% ～ 100%，根据投资人意愿自由投资。

融资人的融资过程

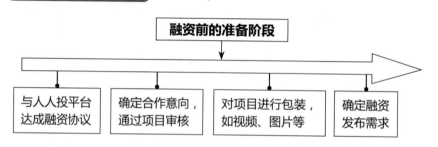

融资前的准备阶段

与人人投平台达成融资协议	确定合作意向，通过项目审核	对项目进行包装，如视频、图片等	确定融资发布需求

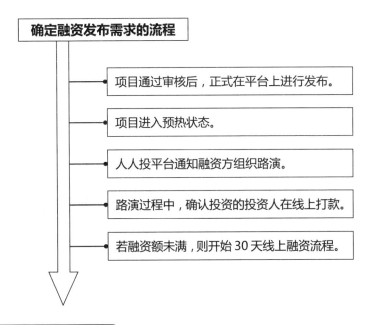

确定融资发布需求的流程

- 项目通过审核后，正式在平台上进行发布。
- 项目进入预热状态。
- 人人投平台通知融资方组织路演。
- 路演过程中，确认投资的投资人在线上打款。
- 若融资额未满，则开始 30 天线上融资流程。

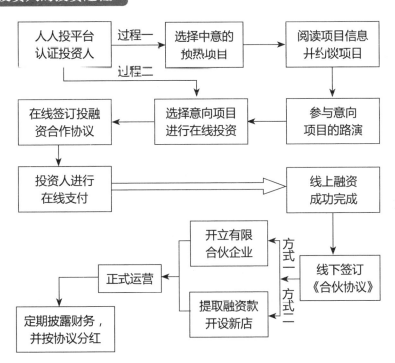

投资人的投资过程

人人投平台认证投资人 → 过程一 → 选择中意的预热项目 → 阅读项目信息并约谈项目

人人投平台认证投资人 → 过程二 → 选择意向项目进行在线投资

阅读项目信息并约谈项目 → 参与意向项目的路演 → 选择意向项目进行在线投资 → 在线签订投融资合作协议

在线签订投融资合作协议 → 投资人进行在线支付 → 线上融资成功完成

线上融资成功完成 → 线下签订《合伙协议》

方式一 → 开立有限合伙企业

方式二 → 提取融资款开设新店

开立有限合伙企业 / 提取融资款开设新店 → 正式运营 → 定期披露财务，并按协议分红

◎ 专注 O2O 的股权众筹平台——天使街

天使街定位于国内领先的股权众筹平台及投融资社交平台，为小微创企业提供一站式投融资综合解决方案，并帮助投资人快速发现好项目，其网站首页效果如下图所示。

天使街的核心优势

核心优势

子公司涵盖全国 20 个省 50 余个主要城市，确保当地投资人找到当地好项目。

与国内许多地区政府展开深度战略合作，共同探讨立足于各地的互联网金融发展策略。

天使街平台是中国首批八家证券业协会会员单位之一，在多地举办路演及相关会议数十场，展示效果受各界好评。

天使街平台是中国第二家经北京市通信管理局 ICP 认证的互联网非公开私募股权融资平台。

天使街平台已完成 24 个项目合计 1 亿元的融资规模，会员达到 30 多万，投融成功率领先于行业水平。

跨界引入各类合作机构，开办包括德庆祥主题金融茶馆等多种服务主体形式，衍生互联网金融服务业态。

天使街的平台价值

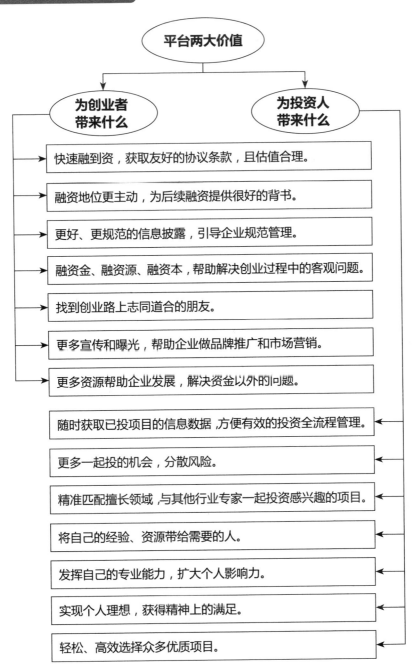

平台两大价值

为创业者带来什么

为投资人带来什么

快速融到资，获取友好的协议条款，且估值合理。

融资地位更主动，为后续融资提供很好的背书。

更好、更规范的信息披露，引导企业规范管理。

融资金、融资源、融资本，帮助解决创业过程中的客观问题。

找到创业路上志同道合的朋友。

更多宣传和曝光，帮助企业做品牌推广和市场营销。

更多资源帮助企业发展，解决资金以外的问题。

随时获取已投项目的信息数据，方便有效的投资全流程管理。

更多一起投的机会，分散风险。

精准匹配擅长领域，与其他行业专家一起投资感兴趣的项目。

将自己的经验、资源带给需要的人。

发挥自己的专业能力，扩大个人影响力。

实现个人理想，获得精神上的满足。

轻松、高效选择众多优质项目。

◎ 其他常见的股权众筹平台

除了前面介绍的几种股权众筹平台外，国内还有很多优秀的股权众筹平台，且每个平台都有各自的优势和特点，如表 3-1 所示。

表 3-1　常见的股权众筹平台

名称	介绍	特点
原始会（http://www.yuanshihui.com/）	是网信金融旗下的股权众筹平台，致力于为投资人和创业者提供创新型投融资解决方案。创业者在发起项目后，投资人可选择优质项目进行投资	融资辅导、路演推广
众众投（http://www.zzt9.com/）	是以众筹为主题的独立综合平台的先行者与倡导者，是基于众筹模式的实体店投融资对接平台。为保证投资人的资金安全，该平台采取融资人与投资人一起投资分店的方式，让双方共同分担风险	实体店、投资分店
筹道股权（https://www.choudao.com/）	是国内首家递进式股权众筹平台，与国内领先的专业众筹平台青橘众筹同属上海众牛网络公司旗下，是专业进行股权众筹的平台	递进式股权众筹
云筹（https://www.yunchou.com/）	是集股权众筹、创业孵化和投后管理为一体，立志打造一个"帮创业者融资、帮项目成长和帮投资增值"的服务型股权众筹平台。由天使投资和创业孵化平台全资控股，拥有创业导师资源和丰富的投资人合作资源	服务型平台
大家投（http://www.dajiatou.com/）	是由深圳市创国网络科技有限公司旗下打造的股权众筹平台，是国内首个"众筹模式"天使投资与创业项目私募	私募股权
天使客（http://www.angelclub.com/）	是一个主打"精品路线"的股权众筹平台，专注 TMT 领域天使阶段到 Pre-A 阶段的股权众筹。不仅帮助优质创业项目寻获投资，而且采用"领投＋跟投"模式分担投资人风险	精品路线、领投＋跟投模式

国外股权众筹运作平台

对于创业者来讲，如火如荼的国内股权众筹平台可以帮助自己获得创业资金。如果对自己的项目或团队有足够的信心，还可以在国外进行股权众筹，这样同样可以获得资金。不过，不是每个创业者或创业企业都可以通过国外的股权众筹平台融资成功，创业者首先需要了解这些平台。

◎ 全球首个股权众筹网站——Crowdcube

Crowdcube 是全球第一家正式上线的股权众筹平台，有别于那些跟随 Kickstarter 模式的众筹平台，它有着自己的创新。投资人除了可以得到投资回报和与创业者进行交流外，还可以成为所支持企业的股东。

Crowdcube 平台的运作模式

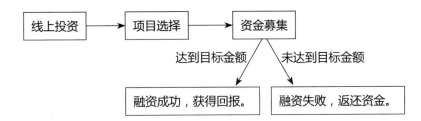

项目上线过程

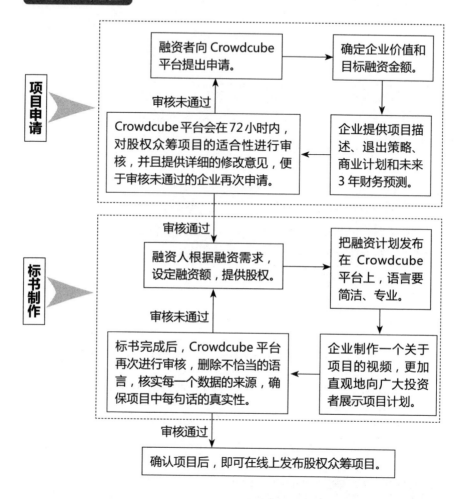

◎ 特殊型股权众筹网站——Wefunder

WeFunder 在线创业投资众筹平台是一个天使投资机构，帮助初创企业得到优质融资，使用该平台的出版工具，融资人可以分享自己的故事，展示自己的产品，轻松地将视频、图片、幻灯片、产品演示及展品等投放到该平台上。

Wefunder 在企业一般发展过程中的定位

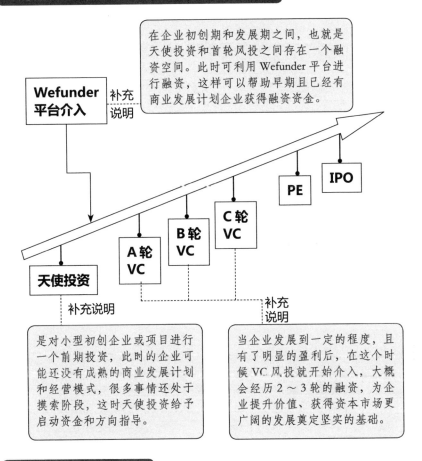

在企业初创期和发展期之间，也就是天使投资和首轮风投之间存在一个融资空间。此时可利用 Wefunder 平台进行融资，这样可以帮助早期且已经有商业发展计划企业获得融资资金。

Wefunder 平台介入 补充说明

天使投资 补充说明

是对小型初创企业或项目进行一个前期投资，此时的企业可能还没有成熟的商业发展计划和经营模式，很多事情还处于摸索阶段，这时天使投资给予启动资金和方向指导。

A 轮 VC

B 轮 VC

C 轮 VC 补充说明

PE

IPO

当企业发展到一定的程度，且有了明显的盈利后，在这个时候 VC 风投就开始介入，大概会经历 2 ～ 3 轮的融资，为企业提升价值、获得资本市场更广阔的发展奠定坚实的基础。

企业发展的生命周期

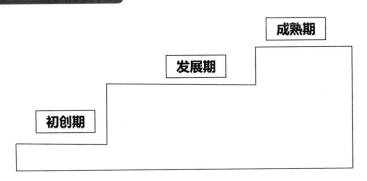

成熟期

发展期

初创期

Wefunder 平台的优势

五大优势

依托 Y Combinator 创业孵化器融资成立并发展。

每周只上线一个新项目，无融资倒计时。

提供初期审核，资金托管，融后管理一条龙服务。

起投资金低，个别项目 100 美元起投。

融资期限短，融资成功率高。

Wefunder 平台的盈利模式

Wefunder 主要有两个收入来源

当某个股权融资项目获得成功后，在其中收取融资总额 10% 的费用。

根据投资人的投资额度收取小额资金托管费，包括监管申报和会计等相关费用，费用的收取范围是 10～75 美元，具体的费用在投资人填写投资金额时，网页系统会自动显示。

◎ 具有社交性质的股权众筹网站——AngelList

AngelList 是一家专门连接早期创业企业和投资者的融资平台和社交网络，负责初创企业的股权投资和债券投资。平台最开始收取 5% 的中介费，但现在完全免费。除提供投资服务外，该平台还负责帮一些初创企业招聘人才。

AngelList 的众筹模式

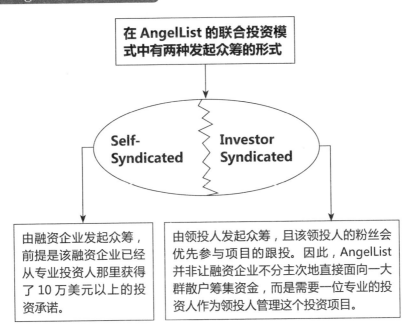

在 AngelList 的联合投资模式中有两种发起众筹的形式

Self-Syndicated

Investor Syndicated

由融资企业发起众筹，前提是该融资企业已经从专业投资人那里获得了 10 万美元以上的投资承诺。

由领投人发起众筹，且该领投人的粉丝会优先参与项目的跟投。因此，AngelList 并非让融资企业不分主次地直接面向一大群散户筹集资金，而是需要一位专业的投资人作为领投人管理这个投资项目。

成为 AngelList 投资人需要满足的条件

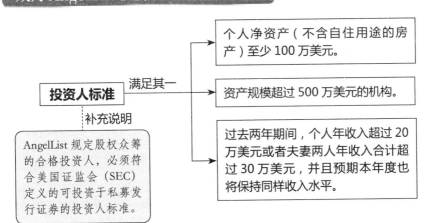

投资人标准

满足其一

个人净资产（不含自住用途的房产）至少 100 万美元。

资产规模超过 500 万美元的机构。

过去两年期间，个人年收入超过 20 万美元或者夫妻两人年收入合计超过 30 万美元，并且预期本年度也将保持同样收入水平。

补充说明

AngelList 规定股权众筹的合格投资人，必须符合美国证监会（SEC）定义的可投资于私募发行证券的投资人标准。

国内外股权众筹平台分析

股权众筹融资模式在我国尚处于起步阶段，仍处在探索和完善的过程中。在国外，股权众筹融资模式已有相当规模，处于快速发展阶段。通过对国内外股权众筹平台的分析，从而对股权众筹平台有一个新的认识。

◎ 国内股权众筹平台的窘境

目前，国内存在着许多众筹平台，大部分成立于2011—2012年。但是相比国外的股权众筹平台，国内的股权众筹平台仍然处于早期，在发展过程中也面临着一些问题的困扰。

股权众筹平台常见问题

众筹项目很难获得高额资金支持 →

> 以点名时间和kickstarter为例，在点名时间上获得资金超过100万元人民币的项目很少，筹资超过200万元人民币的项目几乎没有，而在Kickstarter上的项目筹资常常过百万美元。由于难以筹集到大量的资金，因此对于创业团队来说，股权众筹平台提供的价值较为有限。

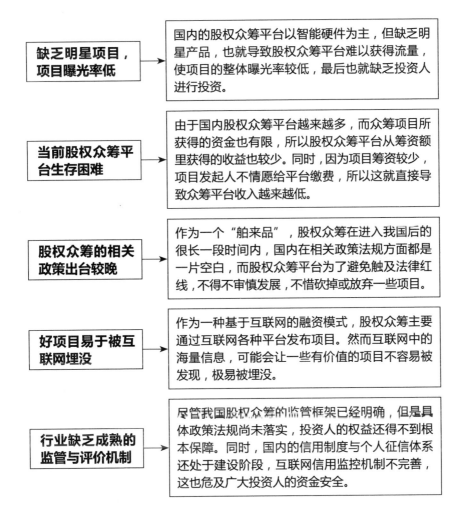

缺乏明星项目，项目曝光率低	国内的股权众筹平台以智能硬件为主，但缺乏明星产品，也就导致股权众筹平台难以获得流量，使项目的整体曝光率较低，最后也就缺乏投资人进行投资。
当前股权众筹平台生存困难	由于国内股权众筹平台越来越多，而众筹项目所获得的资金也有限，所以股权众筹平台从筹资额里获得的收益也较少。同时，因为项目筹资较少，项目发起人不情愿给平台缴费，所以这就直接导致众筹平台收入越来越低。
股权众筹的相关政策出台较晚	作为一个"舶来品"，股权众筹在进入我国后的很长一段时间内，国内在相关政策法规方面都是一片空白，而股权众筹平台为了避免触及法律红线，不得不审慎发展，不惜砍掉或放弃一些项目。
好项目易于被互联网埋没	作为一种基于互联网的融资模式，股权众筹主要通过互联网各种平台发布项目。然而互联网中的海量信息，可能会让一些有价值的项目不容易被发现，极易被埋没。
行业缺乏成熟的监管与评价机制	尽管我国股权众筹的监管框架已经明确，但是具体政策法规尚未落实，投资人的权益还得不到根本保障。同时，国内的信用制度与个人征信体系还处于建设阶段，互联网信用监控机制不完善，这也危及广大投资人的资金安全。

◎ 国内与国外平台形成巨大差距的原因

股权众筹模式作为一种"舶来品"，自进入中国市场以来，已逐渐发展成为互联网金融的一种重要形式。通过国内外股权众筹平台的对比可以发现，国内外股权众筹平台还是在许多方面存在差异，这些差异就直接影响了各大平台的发展。

国内外股权众筹平台的比较

项目完成情况不理想

国内股权众筹存在一个很严重的问题，那就是项目的完成情况。在股权众筹平台上，很多项目虽然筹资成功，但难以完成，或是筹资成功后资金被挪作他用。

股权众筹项目缺乏创意

国外股权众筹项目的发起人往往有很好的创意，并且有完整的执行方案，只是缺乏资金。而国内的创业者在思维上却缺乏灵活性和创造力，很多项目和产品也只是模仿国外的项目。

大企业主导互联网环境

国外许多股权众筹平台获得的成功和国外开放的互联网环境有很大关系，可以获得大量的流量和曝光，从而形成正向循环。但国内的互联网环境是企业巨头主导，并且开放程度不够，所以股权众筹平台很难获得足够的关注。

对智能硬件太过于依赖

国内股权众筹平台虽然也有音乐、电影等领域的项目，但更多的还是智能硬件相关的项目。这就让股权众筹平台的发展深受智能硬件产业发展的影响。虽然最初智能硬件热潮为许多创业带来了好处，但热潮过后却进入了创新瓶颈。

小贴士

虽然国外的主流股权众筹平台和国内的常见股权众筹平台几家同时成立，也就是基本在同一时间起跑。但实际上，股权众筹更加贴近创业者，对创业环境依赖性很高，而国内外互联网创业环境差别很大，也就导致国内的股权众筹平台落后于人。

◎ 国内股权众筹平台模式的比较分析

随着"大众创业"的提出，相关政策也开始对股权众筹进行明显的鼓励，不仅股权众筹平台的数量在不断增加，其平台模式也在不断

的发生改变，下面就来对国内常见的一些股权众筹平台模式进行比较，
如表 3-2 所示。

表 3-2　国内股权众筹平台模式对比

名称	天使汇	原始会	大家投	人人投	筹道	创投圈	聚募
项目定位	TMT 项目为主	TMT 项目、传统行业、实体店	TMT 项目、传统行业	实体店	TMT 项目、实体店	TMT 项目为主	TMT 项目、实体店
融资期限	30 天	31 天	无限制	30 天	30 天	无限制	无限制
散户参与	无	有	有	有	有	无	有
项目阶段	种子轮、天使轮、A 轮	种子轮、A 轮	种子轮、天使轮	种子轮、天使轮、A 轮	天使轮、A 轮	天使轮、A 轮	天使轮
客户端	有	无	无	无	无	有	无
线下部分	路演、公开课、户外广告	路演、创业大赛	路演、沙龙	路演	路演	路演、创业大赛	无
在线支付闭环	保证金	无	有	有	保证金	无	有
盈利模式	向融资人收1%股权	向融资人收5%现金	向融资人收5%现金	向融资人收5%现金	无	跟投	收投资人收益的10%
是否有人跟投	有	无	无	无	无	有	无
投资人的资格认证	A2	A2	A3	A3	A3★2	A1	B3

随着股权众筹行业的不断发展，各项监管政策逐步推出，股权众筹平台开始进入相对平稳的发展态势，其众筹项目的成功率也越来越高。表3-3所示为2015年5月底国内部分股权众筹平台数据统计。

表3-3　国内部分股权众筹平台数据对比

名称	天使汇	人人投	原始会	天使街	大家投
成功项目的数量（个）	310	162	11	12	55
成功筹资额（万元）	300 000	32 877	1 525	3 969	6 837
成功项目支持人数	2 386	8 698	344	5 196	200
单项目支持的人数	8	54	31	400	13
单项目筹资额（万元）	967.74	202.95	138.64	305.31	124.31
平台现有项目总数（个）	3 6954	165	352	30	69

从表3-3中可以看出，天使汇一家独大，以87%筹资额的比例位于筹资额榜首，人人投以9.5%的占比排名第二，而大家投、天使街和原始会共同占有不足5%的筹资份额。

第 4 章

股权众筹的风险及监管

由于股权众筹的金融本质及互联网特性，使其也具有很大的风险。因此，本章将会介绍股权众筹融资发展所面临的风险，以及应对这些风险的监管现状和监管存在的问题。

牢牢把握股权众筹控制权

利用股权和股权身份为"诱饵"开展股权众筹，的确可以快速吸引投资人，获得融资资金。但凡是要出让一定股份，引进新股东，创业者如果没有合理的分配股权，就容易丧失控股权的控制能力，进而失去对企业的控制权。因此，不管如何分配股权，创业者都需要牢牢把握股权众筹的控制权。

◎ 注意创始人之间的股份分配

如果企业是由几个创始人联合创办，他们之间的股份没有分配好，那就需要先将创始人之间的问题解决好之后，再来谈股权众筹融资阶段的控股问题。

股权分配时要考虑的要素

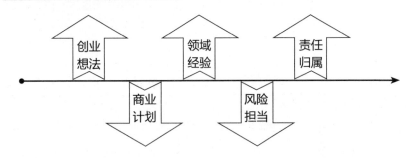

| 创业想法 | 虽说没有好的创业想法，也可以创立企业。但对于创业来说，想法也非常重要，俗话说："成功的商业源自 1% 的灵感，再加上 99% 的汗水。" |

| 商业计划 | 准备商业计划书是开启创业大门的必要条件，它是创业的第一步，但是把商业计划书里的内容执行出来，才是真正有价值的工作。 |

| 领域经验 | 在自己的业务领域中，自己与合伙人是否具备有价值的经验。因为了解行业、具备相关经验及获得丰富的人际关系，能极大地提高企业的成功概率，加速企业的成长。 |

| 风险担当 | 相对于那些置身事外的创始人来说，那些在企业工作并将使企业走向成功的创始人，对企业更有价值。同时，对于这些放弃了自己的职业理想，全心全意地为企业服务的人来说，他们还面临着巨大的机会成本。 |

| 责任归属 | 很多企业中的创始合伙人都是"甩手掌柜"，他们不知道谁在安排工作？谁将企业推向更高的台阶？但企业一旦出现问题，就开始推卸责任。 |

在股权分配的几大要素中，针对不同类型的企业，其所占的权重可能不同。此时，企业可以对各个要素预先设置 0 ～ 10 分的重要性评分等级，还可以在各要素之间对比、以确保其重要性等级具有合理性，如表 4-1 所示。

表 4-1　要素重要性的评分等级表

要素名称	权重
创业想法	
商业计划	
领域经验	
风险担当	
责任归属	

同时，各个创始人可以基于股权分配中的要素来评估其贡献，如表 4-2 所示。

表 4-2　创始人的相对贡献评分等级表

要素名称	创始人 1	创始人 2	创始人 3	创始人 4
创业想法				
商业计划				
领域经验				
风险担当				
责任归属				

案例陈述

某高科技创业企业，开始是由 4 个人组成的一个创业团队，这 4 个人的介绍如表 4-3 所示。

表 4-3　企业创始团队成员介绍

成员	介绍
专家	在其经验领域里，被公认为技术的引领者
技术人员	专家的得力助手
营销人员	给企业带来业务和行业知识
研究小组成员	暂时还没有对研究课题提供技术支持，也没有对企业做出很多贡献

如果这 4 个人都是初次创业，那么为了公平起见，他们可能会平均分配企业的股权，即每人分得 1/4。

但为了避免控股问题出现，就不能平均分配股权，否则在融资阶段就会"打得头破血流"。同时，创始人中应该有一家独大的情况，这个最大控制人掌握决策权。首先，需要对每个要素的重要性程度进行评估；其次，对创始团队成员在各个要素上所做的贡献程度进行评估，两者都按照从 0 ～ 10 分的等级进行打分，如图 4-4 所示。

表 4-4 创始人贡献程度评估表

要素名称	权重	专家	技术人员	营销人员	研究小组成员
创业想法	8	10	4	3	0
商业计划	3	2	1	8	0
领域经验	6	7	6	4	5
风险担当	7	0	0	6	
责任归属	7	0	0	7	0

再次，将每个创始人在要素上贡献程度的分数，与该要素的权重相乘，最终得到加权分数。把每个创始人加权分数加起来得到总分数，并计算出所占比例，如表 4-5 所示。

表 4-5 创始人加权分数计算

要素名称	专家	技术人员	营销人员	研究小组成员	合计
创业想法	80	32	24	0	
商业计划	6	3	24	0	
领域经验	42	36	24	30	
风险担当	0	0	42	0	
责任归属	0	0	49	0	
分数合计	128	71	163	30	392
股权比例	32.65%	18.11%	41.58%	7.66%	100%

最后，股权比例计算完成时，还需要进行一次递向检查，确定每个创始人所占有的股权比例符合实际的逻辑，并对股权比例进行细微的调整。

◎ 如何在股权众筹时掌握控制权

控股是指通过持有某公司一定数量的股份，以控制该公司的业务，是保障控制权的一种方式。

创始人获得控制权的方式

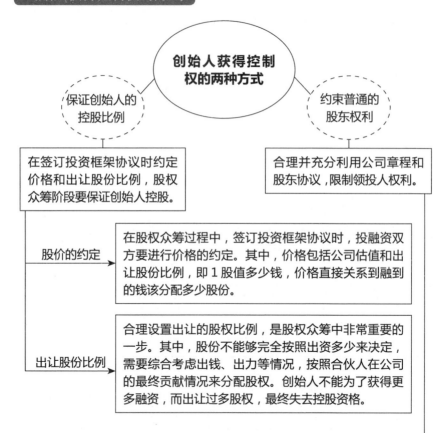

◎ 掌握控制权的特殊方式

一般情况下，都是股权比例较高的创始人拥有企业的控制权。但也存在着一些特殊方式，可以在创始人股权比例较低的情况下获得企业的控制权。

掌握控制权的 4 种方式

合伙人制度 ➤ 可以在公司章程中设置提名董事人选的特殊条款，也就是由一些被称为合伙人的创始人，来提名董事会中的大多数董事人选，而不是按照持有股份比例分配董事提名权。

双重股权结构 ➤ 也称为二元股权结构、双重股权制，是一种通过分离现金流和控制权而对公司实行有效控制的手段。区别于同股同权的制度，在双重股权结构中，股份通常被划分为高、低两种投票权，高投票权的股票拥有更多的决策权，但不会赋予投资人太大的话语权。

一票否决权 ➤ 在投票表决中，只要有一张反对票，该表决内容就会被否定，这种一票否决机制又称为一票否决权。掌握有一票否决权的人或者团体组织都扮演举足轻重的角色，即便是不控股，设置一票否决权后，创始人同样有重大事项一票否决的权利。

一致行动人协议 ➤ 一致行动是指投资人通过协议、其他安排，与其他投资人共同扩大其所能够支配的一个上市公司股份表决权数量的行为或者事实。实质上，就是把表决权委托给公司控制人行使，方便公司控制人在有新进融资导致股权被稀释时，继续有超过 50% 的表决权。

股权众筹可能存在的法律风险

股权众筹作为一种新生的融资方式，如果不能够规范运行，则可能会触犯到法律，并引发巨大的风险及承担相关的法律责任。那么在当前的法律政策下，股权众筹可能存在哪些法律风险呢？

◎ 非法吸收公众存款罪

非法吸收公众存款罪是指违反国家金融管理法规非法吸收公众存款或变相吸收公众存款，扰乱金融秩序的行为。在股权众筹中，融资人会大量吸收投资人的资金，因此需要防范非法吸收公众存款罪。

非法吸收公众存款罪的主要内容

非法吸收公众存款或者变相吸收公众存款。	中国人民银行认定的其他非法金融业务活动。
非法发放贷款、票据贴现、资金拆借、信托投资、金融租赁及融资担保等。	未经依法批准，以任何名义向社会不特定对象进行的非法集资。

非法吸收公众存款的行为

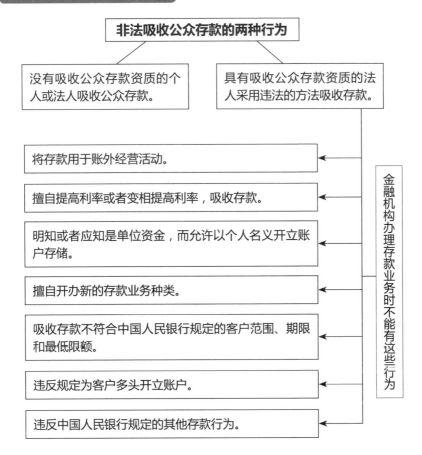

下面我们通过一个实例来了解一下，哪种行为会触犯非法吸收公众存款罪。

案例陈述

2004 年，李某筹建了 A 股份公司，并于 2005 年将 A 股份公司的股票通过某技术产权交易所挂牌。在未经证监部门备案核准的情况下，李某在股权众筹平台上以每股 1～3.8 元的不等价格向社会公众签订了

《股权转让协议》，发行 A 股份公司的"原始股票"。

此外，A 股份公司还组织业务人员在线下向公众推销，以现金方式认购。在销售时，A 股份公司对外虚假宣称保证每年向股东分红不少于每股 0.1 元，股票持有人可在相应产权交易中心自由交易。同时承诺，公司股票若在 2008 年 12 月 30 日前不能在国内或国外上市，公司就以双倍价格回购。

2007 年 12 月，当地的人民检察院对李某的行为向当地的人民法院提起公诉。2008 年 4 月，当地人民法院一审判决 A 股份公司犯擅自发行股票罪，判处罚金 10 万元。同时，被告人李某犯非法吸收公众存款罪，判处有期徒刑 4 年。

非法吸收公众存款罪的立案标准

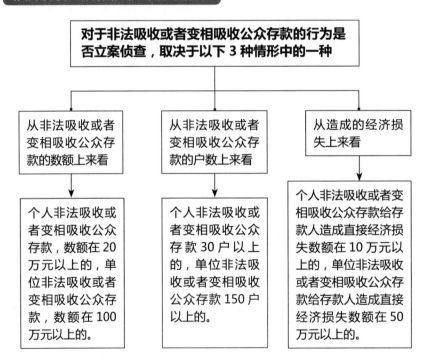

对于非法吸收或者变相吸收公众存款的行为是否立案侦查，取决于以下 3 种情形中的一种

从非法吸收或者变相吸收公众存款的数额上来看	从非法吸收或者变相吸收公众存款的户数上来看	从造成的经济损失上来看
个人非法吸收或者变相吸收公众存款，数额在 20 万元以上的，单位非法吸收或者变相吸收公众存款，数额在 100 万元以上的。	个人非法吸收或者变相吸收公众存款 30 户以上的，单位非法吸收或者变相吸收公众存款 150 户以上的。	个人非法吸收或者变相吸收公众存款给存款人造成直接经济损失数额在 10 万元以上的，单位非法吸收或者变相吸收公众存款给存款人造成直接经济损失数额在 50 万元以上的。

◎ 集资诈骗罪

集资诈骗罪是指以非法占有为目的，违反有关金融法律、法规的规定，使用诈骗方法进行非法集资，扰乱国家正常金融秩序，侵犯公司财产所有权，且数额较大的行为。在股权众筹中，集资诈骗罪也是很常见的。

集资诈骗罪的判断标准

在司法实践中的判断标准

- 集资后携带集资款潜逃的。

- 未将集资款按约定用途使用，而是擅自挥霍、滥用，致使集资款无法返还的。

- 使用集资款进行违法犯罪活动后，致使集资款无法返还的。

- 向集资者允诺到期支付超过银行同期最高浮动利率 50% 以上的高回报率的。

集资诈骗罪的特征

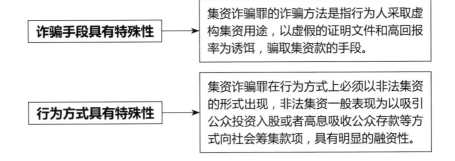

诈骗手段具有特殊性 → 集资诈骗罪的诈骗方法是指行为人采取虚构集资用途，以虚假的证明文件和高回报率为诱饵，骗取集资款的手段。

行为方式具有特殊性 → 集资诈骗罪在行为方式上必须以非法集资的形式出现，非法集资一般表现为以吸引公众投资入股或者高息吸收公众存款等方式向社会筹集款项，具有明显的融资性。

| 被骗对象的公众性和广泛性 | 集资诈骗行为人为非法占有尽可能多的资金，一般事前不会设定具体的、不变的欺骗对象，而是采用大张旗鼓、较大规模，甚至是通过新闻媒体大造舆论的方式，将其虚构的事实向社会广泛传播，以便让更多的公众或者单位受骗。 |

集资诈骗罪与非法吸收公众存款罪的区别

从筹集资金的目的和用途看	如果向社会公众筹集资金的目的是为了用于生产经营，并且实际上全部或大部分的资金也是用于生产经营，则判定为非法吸收公众存款罪的可能性更大一些；如果向社会公众筹集资金的目的是为了用于个人挥霍、用于偿还个人债务，或者用于单位或个人拆东墙补西墙，则非法集资罪的可能性更大一些。
从经济能力和经营状况来看	若单位有正常业务，经济能力强，在向社会公众筹集资金时具有偿还能力，则认定为非法吸收公众存款罪的可能性更大一些；若单位本身就已经资不抵债，没有正常稳定的业务，则认定为非法集资罪的可能性更大一些。
从造成的后果来看	如果非法筹集的资金在案发前全部或大部分没有归还，造成投资人重大经济损失，则认定为非法集资罪的可能性更大一些；如果非法筹集的资金在案发前全部或者大部分已经归还，则认定为集资诈骗罪的余地就非常小，一般会认定为非法吸收公众存款罪。
从案发后的归还能力看	如果案发后行为人具有归还能力，并且积极归还了全部或者大部分资金，则存在被认定为非法吸收公众存款罪的可能性；如果案发后行为人没有归还能力，而且全部或者大部分资金没有实际归还，则有认定为集资诈骗罪的可能性。

下面我们通过一个实例来了解一下，哪种股权众筹行为会触犯集资诈骗罪。

案例陈述

在 2008—2010 年期间，陈某在某地区开办美容店、酒吧及 KTV 等，以合伙或投资等为名高息集资，欠下巨额债务。为了能够偿还债务，陈某继续非法集资。在 2010 年 6 月至 2012 年 3 月期间，李某以给付高额利息为诱饵，先后从林某、李某等 12 人处非法集资人民币 700 万余元，用于偿付集资款本息、购买房产等，实际诈骗金额为 400 万余元。

当投资人发现自己被骗，便举报了陈某，该案进入刑事侦查。2013 年 6 月，当地高院经重新审理后，以集资诈骗罪判处陈某无期徒刑，剥夺政治权利终身。

根据《中华人民共和国刑法》第 192 条规定，集资诈骗罪是指以非法占有为目的，使用诈骗方法非法集资，数额较大的行为。集资诈骗犯罪性质比非法吸收公众存款罪更为严重、恶劣，最高可以处以死刑。而股权众筹具有大众参与集资的特点极容易与非法集资关联起来，所以融资时要特别注意。

集资诈骗罪的量刑标准

犯集资诈骗罪数额较大的，处 5 年以下有期徒刑或者拘役，并处 2 万元以上 20 万元以下罚金。	犯集资诈骗罪情节严重的，处 5 年以上 10 年以下有期徒刑，并处 5 万元以上 50 万元以下罚金。	情节特别严重的，处 10 年以上有期徒刑、无期徒刑，并处 5 万元以上 50 万元以下罚金或没收财产。	数额特别巨大且给国家和人民利益造成重大损失的，处无期徒刑或者死刑，并没收财产。

◎ 欺诈发行股票、债券罪

欺诈发行股票、债券罪，是指在招股说明书、认股书、公司 / 企业债券募集办法中隐瞒重要事实或者编造重大虚假内容，发行股票或者公司 / 企业债券，数额巨大、后果严重或者有其他严重情节的行为。

欺诈发行股票和债券罪的表现形式

欺诈发行股票和债券罪的三大表现

- 行为人必须有在招股说明书、认股书、公司或企业债券募集办法中，隐瞒重要事实或者编造重大虚假内容的行为。

- 行为人必须实施了发行股票、公司 / 企业债券的行为。如果行为人仅是制作了虚假的招股说明书、认股书、公司或企业债券募集办法，而未实施发行股票或者公司 / 企业债券的行为，则不构成本罪。

- 行为人制作虚假的招股说明书、认股书、公司 / 企业债券募集办法发行股票或者公司 / 企业债券的行为，必须达到一定的严重程度，才构成犯罪。

欺诈发行股票和债券罪的追诉情况

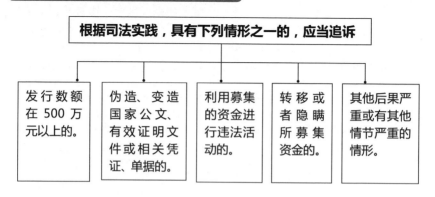

根据司法实践，具有下列情形之一的，应当追诉

发行数额在 500 万元以上的。	伪造、变造国家公文、有效证明文件或相关凭证、单据的。	利用募集的资金进行违法活动的。	转移或者隐瞒所募集资金的。	其他后果严重或有其他情节严重的情形。

下面我们通过一个实例来了解一下，哪种行为会触犯欺诈发行股票、债券罪。

案例陈述

某年年初，时任 A 公司法定代表人的吴某为使公司顺利改制为股份公司募集更多资金，指使员工虚拟 220 名自然人出资 1 908 万元为发起人，与 A 公司等 5 家法人共同发起成立 B 股份有限公司，并伪造了发起人协议书、发起人认购股份表及 220 名自然人股东的签名等。

经当地体改委批复同意该股份公司成立，批复文件同时明确规定，自公司成立之日起 3 年内，所有股份不得转让。B 公司成立后，吴某带领林某、杨某等人到各地进行了一系列宣传、发售活动，B 公司迅速将所谓的自然人股东持有的 1 828 万股股票全部发售完毕。

后来，B 公司正式更名为 B 集团，其股票须计零后变更名称重新托管。吴某等人趁机将 2 000 万股法人持有股量化到若干个人名下。其中除 1 000 余万股用于交还上述暂收回的股票外，其余均被用于偿还企业债务或出售。

在此期间，经当地司法鉴定所对 A 公司对外发行股票的 10 本凭证进行查证，发现其以 B 公司名义发行股票共计 2 200 多万股，获取现金 2 200 多万元。

法院审理认为，被告单位 B 集团股份有限公司在股票发行的过程中，隐瞒重要事实，编造重大虚假内容，发行股票数额巨大，且不能及时清退，后果严重，社会影响恶劣，其行为已构成欺诈发行股票罪。

其实，欺诈发行股票罪可能如影随形地等着股权类众筹的发起人。该类犯罪"天生与股权类众筹有缘"，在当下也是股权类众筹最容易触碰和最忌惮的刑事犯罪。

股权众筹的投资风险

虽然投资人可以通过投资股权众筹获得股权、分红等好处，但是投资都有风险，股权众筹投资也不例外，常见的股权众筹投资风险有股权众筹平台权利义务风险、投资活动的固有风险、众筹融资的自有风险及操作模式的特定风险。

◎ 股权众筹平台权利义务风险

股权众筹平台不单单是将融资人和投资人连接在一起，在行使平台权利的过程中还需要尽自己应尽的义务。不过在此过程中，也存在一定的风险，需要投融资人多加注意。

股权众筹平台的三大风险

股权众筹属于一般居间合同　　股权众筹平台具有特别优势　　要求双方订立的合同不对等

三大
权利义务风险

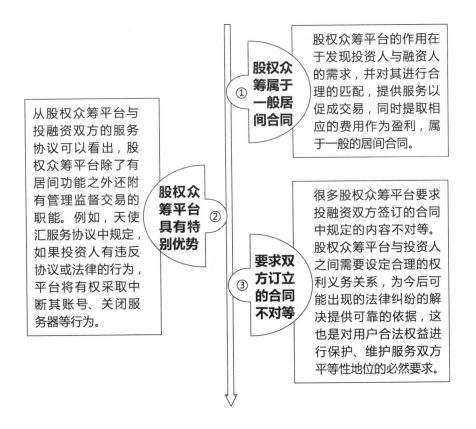

从股权众筹平台与投融资双方的服务协议可以看出，股权众筹平台除了有居间功能之外还附有管理监督交易的职能。例如，天使汇服务协议中规定，如果投资人有违反协议或法律的行为，平台将有权采取中断其账号、关闭服务器等行为。

股权众筹平台具有特别优势

① 股权众筹属于一般居间合同

股权众筹平台的作用在于发现投资人与融资人的需求，并对其进行合理的匹配，提供服务以促成交易，同时提取相应的费用作为盈利，属于一般的居间合同。

③ 要求双方订立的合同不对等

很多股权众筹平台要求投融资双方签订的合同中规定的内容不对等。股权众筹平台与投资人之间需要设定合理的权利义务关系，为今后可能出现的法律纠纷的解决提供可靠的依据，这也是对用户合法权益进行保护、维护服务双方平等性地位的必然要求。

◎ 股权众筹投资活动的固有风险

在投资活动中，风险与收益往往是相伴相生的，只要投资人参与了投资，就必然需要承担投资活动本身所具备的某种风险。同样，股权众筹作为一种新的融资方式，更加无法避免此种风险。

投资固有风险的具体表现

公司持续亏损　　　小股东权益受到侵害　　　股东退出并不容易

公司持续亏损

由于进行股权众筹的企业大多处于初创期，其发展前景不明朗，盈利能力也没有保障，所以投资人是否有回报也就存在着高度的不确定性。我们在进行投资时，不应该忽略企业发展过程中会面临的风险。当然，这种风险往往决定着投资人是否进行投资。

小股东权益受到侵害

企业在有盈利的情况下，并不一定会分配利润，是否分配利润，分配多少是由企业股东会决定的，即大股东具有股东大会的决定权。

股权众筹的投资人所占有的股权比例并不高，企业创始人才是企业的实际控制人，而企业的发展、利润分配等，都由实际控制人决定。

控股股东不仅可以通过出任管理层获取高额薪酬，还可以利用大股东的地位左右股东会，最后使企业长期不分红或只是象征性分红，这样小股东的处境就比较艰难。

股东退出并不容易

如果企业是上市公司，则股东退出会比较容易。因为上市公司的股票可以在交易所自由交易，股东只需卖出股票即可。

如果企业是有限责任公司，因其闭合性的特点，股东想要顺利退出并不是一件容易的事情。

有限责任公司股东退出不容易的原因

股东股权转让受限于法律规定，如《中华人民共和国公司法》规定向股东以外的人转让股权，须经其他股东过半数同意。

受限于公司章程，如公司章程对股权转让设定其他条件，转让股权时须得遵守。

有限公司股权流动性差，上市公司股票可以通过交易所便利地交易，而有限公司股权交易却没有那么容易，最困难的是没有人愿意购买这种股权。

下面我们通过一个实例来了解一下，股权众筹的企业为什么会持续亏损或经营不下去。

案例陈述

2013 年 8 月，66 位来自各行各业的女性精英，每人投资 2 万元，共筹集 132 万元在北京建国门外打造出了中国首家女性众筹咖啡馆，名叫 Her Coffee。这 66 位精英，几乎都有国外名校的背景，大多就职于投行、基金及互联网等行业。开业当天，影视明星、主持人及多家企业 CEO 都前来捧场，热闹非凡。

海归精英众筹咖啡店，明星企业家来捧场，可谓是噱头十足，吸足了眼球。但是好景不长，由于店铺房租贵、股东多、决策效率得不到提高、股东热情消减等各方面原因，经营了一年多的 Her Coffee，即将面临倒闭的窘境。

其实，股权众筹咖啡馆的模式在国内还没有遇到好的发展机遇，咖啡店盈利不强，即便是品牌咖啡或连锁咖啡，盈利也不容易。同时，Her Coffee 的股东都有自己的工作，很难全身心地投入咖啡厅的管理中。

◎ 股权众筹的操作模式特定风险

特定风险是指个人行为引起的风险，只与特定的个人或部门相关，不影响整个团体和社会。而股权众筹的特定风险是指领投人或投资人自己的操作不正确，而带来的风险。

操作模式的两种特定风险

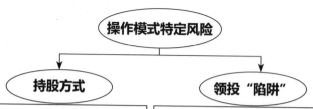

操作模式特定风险

持股方式

当前大部分股权众筹平台采用合伙企业的模式，合伙企业是区别于公司法人的一类组织体，以合伙人彼此信任为基础，具有明显的共同出资、共同经营、共负盈亏及共担风险的特征。

风险

在股权众筹中，投资人签订合伙协议组成有限合伙企业，合伙人之间不仅没有信任基础，而且因有限合伙人的股权比例较低而对外没有执行合伙事务的权利，必须由特定的合伙人执行合伙事务。这种对内缺少信任基础，对外难以使用权利的合伙企业，很容易出现问题。

领投"陷阱"

在股权众筹的项目发布后，融资人往往会寻找有投资经验的专业投资人士先行认购部分股权，然后由其成为领投人，待其他投资人认购满额后，领投人牵头成立合伙企业并对外代表有限合伙企业执行事务。

风险

企业想要以领投人的信用为项目进行"信用增级"，以加强投资人信心，推进融资顺利完成。但是领投人常常既没有降低项目的风险，也没有提高企业偿付能力。在我国社会征信体系尚不完备的情况下，个人信用作用很有限，无法支撑实体中的风险管理需求。

股权众筹开始后，融资人与领投人事实上已经达成某种紧密的联系，所以整个融资过程中对领投人行为并无太多约束条件，同时领投人可以优先实现或多获得利益。这就可能诱发道德风险，使融资人和领投人恶意串通，致使投资人的利益受损。

股权众筹的监管方法与规则

实际上，与投资风险较大的 P2P 网贷相比，股权众筹的法律风险更大，约束条件也更多。所以国内股权众筹急需出台相关的监管方法与规则，这样才能使融资人与投资人的权益都得到保护。

◎ 投资人的利益保护

投资人的利益保护是企业治理的核心问题之一，其根本目的是防止企业实际控制人对外部股东和债权人利益进行侵害或掠夺。侵害行为在企业中，主要表现为管理层和控股股东对中小股东与债权人利益的双重侵害。

侵害行为的主要表现形式

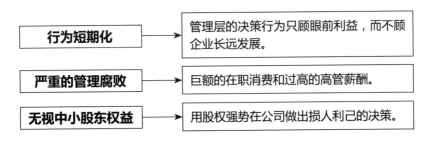

行为短期化	→	管理层的决策行为只顾眼前利益，而不顾企业长远发展。
严重的管理腐败	→	巨额的在职消费和过高的高管薪酬。
无视中小股东权益	→	用股权强势在公司做出损人利己的决策。

| 转移定价 | → | 常见的有高价收购大股东产品、大股东以低成本获得公司借款，以及大股东以高利率向公司放贷等。 |

| 转移资产 | → | 通过内部交易将企业有价值的资产转移给大股东。 |

投资人利益保护的意义

利于提高公司价值 投资人利益得到真正的保护，既可以遏制公司内部人的侵害行为，又可以增强投资者信心，降低融资成本，提高公司价值和外部融资能力。

利于证券市场健康发展 投资人利益得到充分可靠的保护，证券市场就有可能实现健康、有序地运行，增强资本市场自我化解和抵御风险的能力。

利于社会经济和谐增长 当投资人利益得到保障，他们才会对自己的投资充满信心，并以饱满的热情关心其所投资的公司的发展形势和日常经营管理，从而营造良好的社会经济发展环境。

投资人利益保护的基本途径

合同契约 投资人与公司订立各项能充分保护自身合法权益的合同，以确保一旦发生侵害行为，投资人通过法律途径能够追讨回属于自身的利益。

政府立法 制定和颁发系统保护投资人利益的法规，并建立相应的监管机制，并确保这些法规得到切实实行。这样公司的侵害行为就可以大大减少或很难发生。

◎ 国内股权众筹法案分析

在 2014 年 12 月 18 日，中国证券业协会在证监会创新业务监管部的支持下，协会起草了《私募股权众筹融资管理办法（试行）（征求意见稿）》（简称《管理办法》），并向社会公开征求意见，其中包括股权众筹平台、融资者与投资者及备案登记等内容。

《管理办法》的起草背景

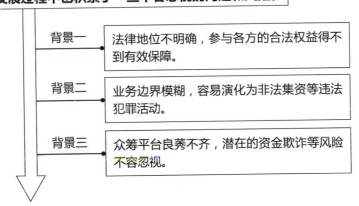

由于缺乏必要的管理规范，众筹融资活动在快速发展过程中也积累了一些不容忽视的问题和风险。

背景一　法律地位不明确，参与各方的合法权益得不到有效保障。

背景二　业务边界模糊，容易演化为非法集资等违法犯罪活动。

背景三　众筹平台良莠不齐，潜在的资金欺诈等风险不容忽视。

《管理办法》的主要内容

总则

股权众筹平台

备案登记

《管理办法》的要点

融资者与投资者

信息报送

自律管理

附则

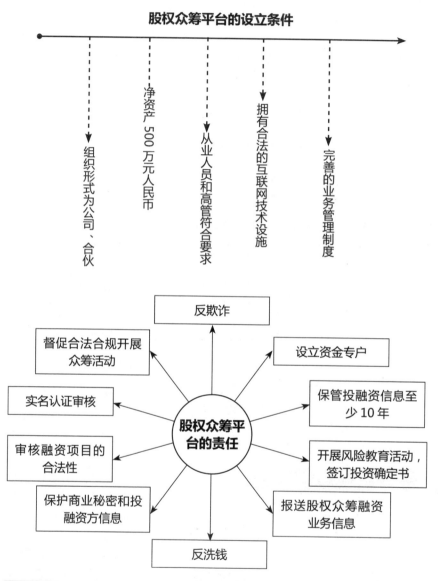

股权众筹平台的设立条件

- 组织形式为公司、合伙
- 净资产 500 万元人民币
- 从业人员和高管符合要求
- 拥有合法的互联网技术设施
- 完善的业务管理制度

股权众筹平台的责任

- 反欺诈
- 督促合法合规开展众筹活动
- 实名认证审核
- 审核融资项目的合法性
- 保护商业秘密和投融资方信息
- 反洗钱
- 设立资金专户
- 保管投融资信息至少 10 年
- 开展风险教育活动，签订投资确定书
- 报送股权众筹融资业务信息

小贴士

证券业协会为股权众筹平台办理备案登记不构成对股权众筹平台内控水平、持续合规情况的认可，不作为对客户资金安全的保证。

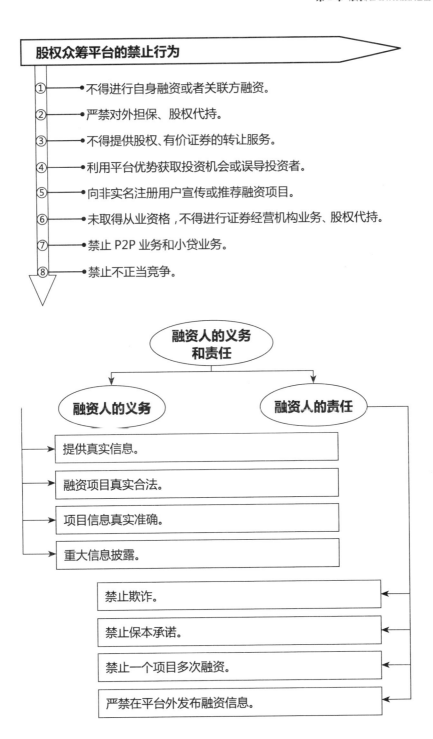

股权众筹平台的禁止行为

① • 不得进行自身融资或者关联方融资。

② • 严禁对外担保、股权代持。

③ • 不得提供股权、有价证券的转让服务。

④ • 利用平台优势获取投资机会或误导投资者。

⑤ • 向非实名注册用户宣传或推荐融资项目。

⑥ • 未取得从业资格，不得进行证券经营机构业务、股权代持。

⑦ • 禁止 P2P 业务和小贷业务。

⑧ • 禁止不正当竞争。

融资人的义务和责任

融资人的义务

提供真实信息。

融资项目真实合法。

项目信息真实准确。

重大信息披露。

融资人的责任

禁止欺诈。

禁止保本承诺。

禁止一个项目多次融资。

严禁在平台外发布融资信息。

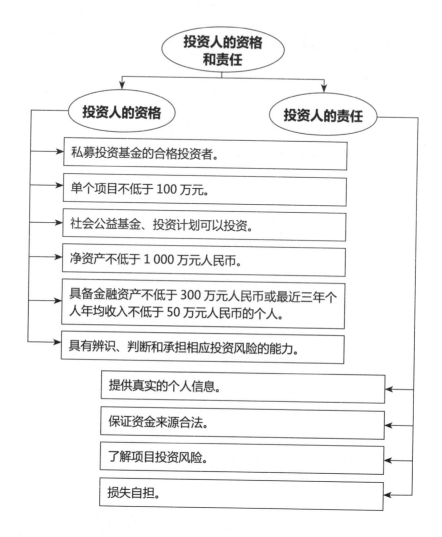

◎ 国外股权众筹监管制度观察

2009 年众筹在国外兴起，2011 年众筹开始进入中国，2013 年国内正式诞生第一例股权众筹案例，2014 年国内出现第一个有担保的股权众筹项目。由于股权众筹对融资人和投资人的利益影响非常大，故而是各国监管机构的监管重点。

各国对股权众筹的态度与监管

各国对股权众筹的三种态度

- 禁止股权众筹。

- 虽允许股权众筹但设置了很高的进入壁垒。

- 任何投资人都可以介入股权众筹，但为了保护投资人利益，对股权众筹中的发行人、中介机构和投资者实行严格的监管。

五种监管方法

1. 监管不做改变；
2. 只有小规模的个人要约才能豁免公开发行须遵循的相关义务；
3. 股权众筹仅限于向有限的人群发出要约，如成熟的和有经验的或专业的投资者；
4. 股权众筹对所有投资者开放，但不单独为股权众筹立法，仅对现有的监管构架做出有目标和针对性的修改；
5. 股权众筹对所有投资者开放，且单独对股权众筹建立一套自我约束的法律框架。

各国股权众筹平台的法律定性

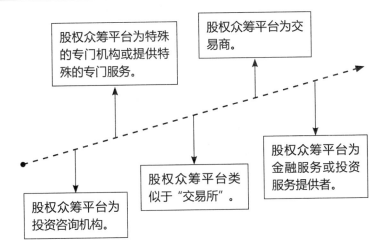

股权众筹平台为特殊的专门机构或提供特殊的专门服务。

股权众筹平台为交易商。

股权众筹平台类似于"交易所"。

股权众筹平台为金融服务或投资服务提供者。

股权众筹平台为投资咨询机构。

股权众筹平台为投资咨询机构

法国将股权众筹平台作为一种新的咨询机构——参与性投资咨询机构注册，其受金融市场监管局的监督，类似于金融投资咨询机构。咨询机构没有资本要求，但不能从事其他活动。

股权众筹平台为特殊的专门机构或提供特殊的专门服务

美国 JOBS 法案为股权众筹业务专门创造了一种新的组织"融资门户"作为股权众筹中介机构；新西兰的众筹立法要求中介机构应被许可从事"众筹服务"；意大利除了允许投资公司和银行作为股权众筹平台的经营机构以外，也允许具备一定条件的经过证券监管机构注册的其他公司运营股权众筹平台。

股权众筹平台类似于"交易所"

在股权众筹中，中介机构控制着融资人的融资机会，控制着投资人的投资机会。因此，中介机构可以被视作一种"交易所"。澳大利亚规定常规发行金融产品的股权众筹网站运营商可能处于从事金融市场中，需要获得澳大利亚市场的许可。

股权众筹平台为交易商

在美国，股权众筹平台需要在证券交易委员会注册为经纪交易商或专门的"集资门户"才能从事股权众筹交易。在加拿大，除安大略省以外的地方，均允许注册的交易商通过互联网向公众出售证券时免于提交招股说明书。

股权众筹平台为金融服务或投资服务提供者

在澳大利亚，若股权众筹平台安排业务的方式更多地是从事金融服务业务的中介组织，那么其需要获得澳大利亚金融服务许可。法国的众筹立法除了允许股权众筹平台注册为参与性投资咨询机构以外，还允许股权众筹平台注册为投资服务提供商。

CHAPTER
05

第 5 章
揭开股权融资的神秘面纱

对于许多企业而言，股权融资是多数创始人经历过或正在经历的融资形式，与朋友合伙做生意，让他人以入股形式参与自己企业的经营，以及对持有企业原始股的股东进行分红等都属于"股权融资"的范畴。所以企业想要获得创业资金，方式有很多，股权融资就是非常实用的一种，本章就让我们来揭开它的面纱。

股权融资及相关概念

从广义上来说，股权融资泛指所有用企业股权换取投资资金的行为，如
对初创企业的入股投资；从狭义上来说，股权融资就是非上市公司让投
资人对企业进行控股或参股的行为。

◎ 股权融资的特点及融资方式

股权融资所获得的资金，企业无须还本付息，但新股东将与老股
东同样分享企业的盈利与增长。股权融资的特点决定了其用途的广泛
性，既可以充实企业的营运资金，也可以用于企业的投资活动。

股权融资的特点

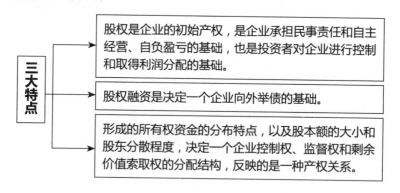

三大特点

股权是企业的初始产权，是企业承担民事责任和自主
经营、自负盈亏的基础，也是投资者对企业进行控制
和取得利润分配的基础。

股权融资是决定一个企业向外举债的基础。

形成的所有权资金的分布特点，以及股本额的大小和
股东分散程度，决定一个企业控制权、监督权和剩余
价值索取权的分配结构，反映的是一种产权关系。

股权融资的方式

股权融资的六大方式

基金组织	投资方以入股的方式对项目进行投资，但实际并不参与项目的管理。到了一定时间就从项目中撤股。这种方式多为国外基金所采用。缺点是操作周期较长，而且会改变公司的股东结构，甚至会改变公司的性质。
银行承兑	投资人将一定的金额，比如 1 亿元，打到项目融资人的公司账户上，然后当即要求银行开出 1 亿元的银行承兑，投资人将银行承兑拿走。这种融资方式对投资人很有利，因为可以把 1 亿元分几次使用。
直存款	该方式是最难操作的融资方式，因为做直存款本身是违反银行规定的，企业与银行的关系必须特别好才行。由投资人到项目融资方指定的银行开一个账户，将指定金额存进账户，然后与银行签订一个协议。
银行信用证	国家相关政策规定，对于全球性的商业银行（如花旗银行）开出的同意给企业融资的银行信用证视同于企业账户上已经有了同等金额的存款。过去很多企业用这个银行信用证进行"圈钱"，所以国家的政策进行了一些调整，国内的企业很难再用这种办法进行融资。
委托贷款	投资人在银行为项目方设立一个专款账户，然后把钱打到专款账户里面，委托银行放款给项目融资人。这是比较好操作的一种融资形式，通常对项目的审查不是很严格，要求银行做出负责每年向项目融资人代收利息和追还本金的承诺书。
直通款	所谓直通款就是直接投资，该方式对项目的审查很严格，往往要求有固定资产的抵押或银行担保，利息也相对较高，多为短期。

◎ 股权融资的融资渠道

融资渠道是指协助企业获得资金的来源。如果股权融资按融资的渠道来划分，主要可以分为两大类，分别是公开市场发售和私募发售。

股权融资的两大融资渠道

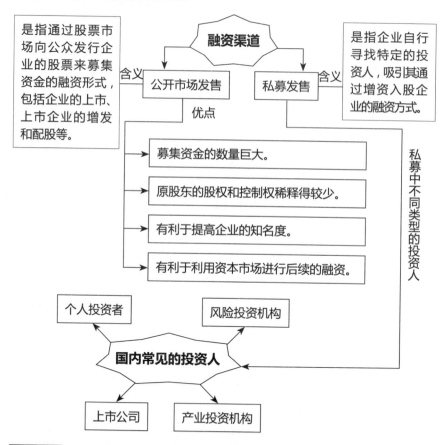

在融资方式中，私募股权融资是民营企业比国有企业更具优势的融资方式。其产权关系简单，无须进行国有资产评估，大大降低了民营企业通过私募进行股权融资的交易成本，并且提高了融资效率。

个人投资者

该类投资人的投资金额不大，一般在几万元到几十万元之间，但对大多数中小微企业的初创阶段起了至关重要的资金支持作用。同时，这类投资人与企业的关系也很复杂，可以作为股东关注企业的重大经营决策，也可以直接参与企业的日常经营管理。

后期影响 →

一般情况下，个人投资者往往与企业的创始人有着非常密切的关系。随着企业后期的良好发展，投资人在获得相应的回报之后，最常见的行为就是淡出对企业的影响。

风险投资机构

风险投资机构涉足的领域主要与高技术相关，该类投资人能为企业提供几百万元至上千万元的股权融资。风险投资机构追求资本增值的最大化，其最终目的是通过企业上市、转让或并购的方式，在资本市场退出并获利。其中，通过企业上市退出是这类投资人追求利益的最理想方式。

优点 →

没有控股要求。

有强大的资金支持。

不参与企业的日常管理。

能改善企业的股东背景，有利于企业后期进行二次融资。

可以帮助企业规划未来的再融资及寻找上市渠道。

缺点 ↓

风险投资机构主要追逐企业在短期的资本增值，容易与企业的长期发展形成冲突。同时，风险投资机构本身还缺少提升企业能力的业务资源和管理资源。

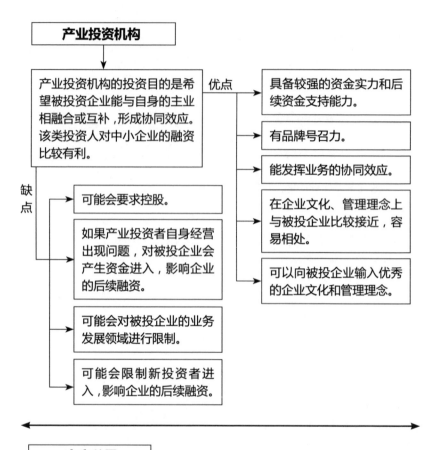

产业投资机构

产业投资机构的投资目的是希望被投资企业能与自身的主业相融合或互补，形成协同效应。该类投资人对中小企业的融资比较有利。

优点 → 具备较强的资金实力和后续资金支持能力。

有品牌号召力。

能发挥业务的协同效应。

在企业文化、管理理念上与被投企业比较接近，容易相处。

可以向被投企业输入优秀的企业文化和管理理念。

缺点

可能会要求控股。

如果产业投资者自身经营出现问题，对被投企业会产生资金进入，影响企业的后续融资。

可能会对被投企业的业务发展领域进行限制。

可能会限制新投资者进入，影响企业的后续融资。

上市公司

上市公司作为私募融资的重要参与者，有其特别的行为方式。特别是主营业务发展出现问题的上市公司，由于上市时募集了大量资金，参与私募大多是利用资金优势为企业注入新概念或购买利润，伺机抬高股价，以达到维持上市资格或再次圈钱的目的。

注意事项 → 对此类投资人，中小企业必须十分谨慎，把握好自己的控股权。因为一旦出让控股权，又无法与控股股东达成一致的观念，企业的发展就会面临巨大的危机。

◎ 股权融资的 4 种类型

随着市场体系和监管制度的完善，越来越多的中小企业开始通过股权融资缓解资金危机。企业的股权融资有多种手段，而逐渐成为中小企业利用股权实现融资的有效方式主要有 4 种，分别是股权质押融资、股权交易增值融资、股权增资扩股融资和股权私募融资。

认识股权融资的类型

①	股权质押融资	是指出质人以其所拥有的股权这一无形资产作为质押标的物，为自己或他人的债务提供担保的行为。把股权质押作为向企业提供信贷服务的保证条件，增加了中小企业的融资机会。以往中小企业获得资金的主要渠道是通过抵押获取银行贷款，但许多中小企业没有实物资产进行抵押，此时国家就推出了企业股权质押融资。
②	股权交易增值融资	企业的发展演变，主要分为家族式企业、家族控股式企业、现代企业制度和私募股权投资 4 个阶段，每一个发展阶段都围绕着资本的流动与增值。企业创始人可以通过溢价出让部分股权来吸纳资本、吸引人才，推动企业进一步扩张发展。
③	股权增资扩股融资	是权益性融资的一种形式，是股份公司和有限责任公司上市前常用的融资方式。按照资金来源划分，可以分为外源增资扩股和内源增资扩股。其中，外源增资扩股是以私募方式进行，通过引入国内外战略投资者和财务投资者，增强公司资本实力，实现公司的发展战略和行业资源的整合。
④	股权私募融资	也就是常说的 PE，是相对于股票公开发行而言，以股权转让、增资扩股等方式通过定向引入累计不超过 200 人的特定投资人，使公司增加新的股东并获得新资金的行为。近几年，国内私募融资已成为非上市公司利用股权直接融资的有效方式之一。

股权融资的常规操作

股权融资作为企业的主要融资方式，在资本市场中起着举足轻重的作用。同时，股权融资也是企业快速发展应采取的重要手段，所以了解它的一些常规操作也是很有必要的。

◎ 如何获得股权融资的投资人

如果企业已经拿到一轮及以上投资的话，就不会再担心后面找不到投资人，因为上一轮的投资人可能会帮助自己引入下轮投资人。但如果从没有和投资人打过交道的创业者，他们可以通过哪些渠道找到比较靠谱的投资人呢？

如何让投资人找到自己

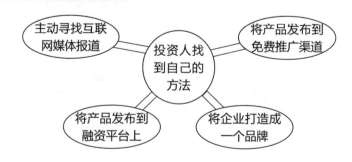

主动寻找互联网媒体报道

将产品发布到免费推广渠道

投资人找到自己的方法

将产品发布到融资平台上

将企业打造成一个品牌

主动寻找互联网媒体报道

目前，互联网已经非常普及，许多专业的投资经理或个人投资者都有看新闻的习惯。此时，企业可以将自己的项目发布到特定的新闻上，只要自己的企业或项目存在投资价值，想要获得投资人并不是一件很难的事情。表5-1 所示为目前国内的几家主流媒体。

表 5-1　国内常见的新闻媒体

媒体名称	介绍
猎云网 （http://www.lieyunwang.com/）	创办于 2013 年 2 月，是国内知名互联网创业服务平台。基于多年互联网创业经验，成立了创业孵化器、众筹、投融资 FA 服务、科技媒体及线下活动五块业务，同时为创业者提供能第一时间获得互联网最新消息的"创投爆料"
36 氪 （http://36kr.com/）	创办于 2011 年 7 月，是国内知名互联网创业生态服务平台，基于深耕中国互联网创业多年的优势，在 2015 年变更为股权类互联网金融平台。由 36 氪股权投资、投融资 FA 服务、36 氪媒体，以及 36 氪研究院四块业务构成
钛媒体 （http://www.tmtpost.com/）	是 TMT 领域最大的信息入口和交流平台，从最初的 TMT 公司人社群媒体，最有钛度的一人一媒体平台，已发展成为中国最主流的财经科技信息服务提供商。通过搭建基于互联网、移动端和线下活动的平台，汇聚创新力量，致力于服务 TMT 领域的创新创业人群
多知网 （http://www.duozhi.com/）	是一家关注教育培训领域的专业媒体，希望通过全方位、多层次的深度调查，还原公司本貌、复盘核心事件，让用户了解原汁原味的教育江湖。把脉教育趋势，推动产业创新与升级，是该网站的长期愿景
零壹财经 （http://www.01caijing.com/）	作为专业的互联网金融服务机构，零壹财经研究互联网金融的理论框架、商业模式和产品设计，出版专业研究著作和数据分析报告，为企业提供前沿的、可操作的业务咨询和培训，运营垂直媒体平台。同时，为互联网金融从业者和用户提供数据、资讯、投资参考等专业服务

将产品发布到免费推广渠道

企业除了可以利用媒体之外，想要获得更多投资人的注意力，可以将企业的产品或项目发布到一些免费的推广渠道中，这样也可以帮助自己吸引种子用户。表 5-2 所示为目前比较好的免费推广渠道。

表 5-2　国内常见的免费推广渠道

渠道名称	介绍
腾讯创业 （http://startup.qq .com/）	是腾讯旗下创业领域的媒体开放平台，2015 年 8 月 28 日上线，每天推送一个种子项目，在国内首次实现用户自主提交项目信息，引发众多创业者和网友的关注与热烈讨论
NEXT （http://next.36kr. com/posts）	是一个快速发现、分享和讨论新产品的社区，目的是以UGC 的内容生产方式让读者、创业者和投资人不错过任何一个新的互联网产品
IT 桔子 （https://www.itjuzi .com/）	致力于通过信息和数据的生产、聚合、挖掘、加工和处理，帮助目标用户和客户节约时间和金钱，提高效率，以辅助其各类商业行为。除了试图提供更加海量的数据信息之外，IT 桔子还推出了个性化的服务，鼓励用户参与和关注自己感兴趣的领域
Demo8 （http://www.demo 8.com/）	Demo8 是一个新模式网站，是创业邦旗下的新产品交流推广平台。创业者可以在这个网站上快速发布一款互联网新产品，如 APP、智能硬件、工具插件等，而关注这个创新平台的用户群体是创业者、投资人、产品经理、程序员、设计师、产品发烧友等新锐人士

将产品发布到融资平台上

虽然将企业的项目发布到媒体或免费的推广渠道上，已经可以吸引到投资人的关注。但是还有更加简单的方式，那就是将企业的项目发布到融资平台上，然后进行融资。表 5-3 所示为目前比较好的融资平台。

表 5-3　国内常见的融资平台

渠道名称	介绍
华兴 Alpha （http://alpha.hua xing.com/）	华兴资本旗下的早期融资平台，为天使轮到 B 轮的初创公司提供业内最专业高效的财务顾问服务。平台集结 6 000多名一线投资人和千余家优秀投资机构，已累计帮助近 200家初创企业，累计融资额超过 5 亿美元，成功率高达 75%
猎桔 （https://www.itjuzi .com/special/lieju/）	猎桔融资是 IT 桔子旗下早期项目融资平台，其利用 IT 桔子强大的创业公司信息库资源，提高投资人找项目、看项目的效率，帮助优质创业项目找到适合的投资人

续表

渠道名称	介绍
创投圈 （https://www.vc .cn/）	创投圈是专为早期创业者和天使投资人服务的股权投融资平台。服务于早期项目的投融资平台，提供项目融资为核心的创业服务，具有最全最好的天使投资人和投资机构网络，最有效率地帮助早期创业者找到最靠谱的天使投资
以太资本 （https://www.ether cap.com/）	全程陪伴的融资专家，专注为 TMT 早期创业公司提供从商业故事梳理到资金入账的一站式、全流程融资服务。创立至今已为 200+ 初创团队融资成功，融资总额逾 11 亿美元。以太团队来自国内外顶级投行、投资机构和创业企业，拥有创业、投资及融资三位于一体的专业服务

将企业打造成一个品牌　如果中小企业拥有一个比较厉害的团队，那么可以将自己的企业打造成一个品牌。只有当自己成为一个品牌之后，才具有更大的名气，投资人也才会主动找上门来给企业投资。

◎ 股权融资平台的盈利模式

与股权众筹平台一样，股权融资平台想要顺利运营下去，同样需要盈利才行，其盈利模式比股权众筹平台的盈利模式复杂很多。那么，股权融资平台是如何盈利的呢？

股权融资平台的六大盈利模式

广告费或分成费 一些广告模式或分成模式的股权融资平台，在有一定网站流量后会给某个项目更多地展示机会，提高项目融资成功率，然后从中收取广告费。

如果项目融资成功，股权融资平台会向融资人收取一定比例的成交费作为佣金，通常是融资总额的 3% ～ 10%。 **收取佣金或者服务费**

跟投管理费 ▶ 跟投管理费是指股权融资平台因采用专业领投人进行领投，需要开展严格的项目筛选、尽职调查、专业的项目法律文本签署及完善的投后管理服务，对跟投者收取的一部分跟投管理费。

股权融资平台的用户在支持项目时需要充值，在筹款过程中，资金一直放在股权融资平台的账户里，此时融资平台可以获得银行利息。 ◀ **获取银行利息**

投资收益分成 ▶ 融资平台提取跟投人最终投资收益的10%～20%作为分成，部分分给领投人，部分用于平台运营及相应奖励。

部分股权融资除了收取融资顾问费外，还会获得融资项目的部分股权，这种收费方式类似于一种投资行为。 ◀ **股权回报**

目前，股权融资平台的盈利模式还存在着许多的挑战，特别是投资人的权益保护问题。同时，国内投资人对风险投资的成熟认知度也较低，需要进一步的提升。也只有这样，股权融资平台才能发展得更好，才会在未来的竞争中存活下来。

◎ 股权投资的退出方式

目前，股权融资和股权投资的门槛都在不断提升。在投资策略上，也越来越重视投资经验的积累，包括团队的专业性、投资流程的规范性等。其中，还有一个非常重要的环节，就是股权投资的退出方式，只有选择正确的方式，才能获得更加理想的投资效果。

股权投资的七大退出方式

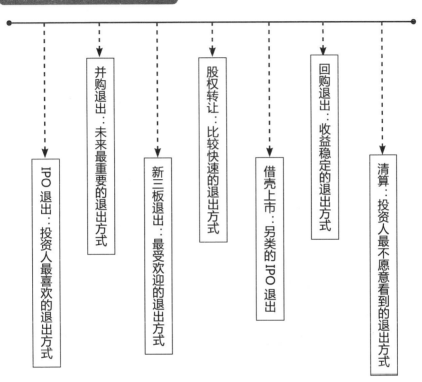

并购退出：未来最重要的退出方式

股权转让：比较快速的退出方式

回购退出：收益稳定的退出方式

IPO 退出：投资人最喜欢的退出方式

新三板退出：最受欢迎的退出方式

借壳上市：另类的 IPO 退出

清算：投资人最不愿意看到的退出方式

投资人最喜欢的退出方式：IPO 退出

IPO 也就是常说的上市，是指企业发展成熟以后，通过在证券市场挂牌上市，股权投资资金实现增值和退出的方式。IPO 退出分为境内上市和境外上市。

境内上市　　　　　境外上市

主要是指深交所或上交所上市。

如纽交所和纳斯达克等。

未来最重要的退出方式：并购退出

并购是指一个企业通过购买其他企业的全部或部分股权或资产，从而影响、控制其他企业的经营管理。并购主要分为正向并购和反向并购。

正向并购

反向并购

是指为了推动企业价值持续快速提升，将并购双方对价合并，投资机构股份被稀释之后继续持有或直接退出。

以投资退出为目标的并购，也就是主观上要兑现投资收益的行为，按现在的情况来看，有些并购案是不得已而为。

最受欢迎的退出方式：新三板退出

全称"全国中小企业股份转让系统"，是我国多层次资本市场的一个重要组成部分。目前，新三板的转让方式有做市转让和协议转让两种。

协议转让

做市转让

是指在股转系统主持下，买卖双方通过洽谈协商，达成股权交易。

是指在买卖双方之间，再添加一个居间者"做市商"。

比较快速的退出方式：股权转让

股权转让是指投资机构依法将自己的股东权益有偿转让给他人，套现退出的一种方式。常见的有私下协议转让、在区域股权交易中心公开挂牌转让等。

另类的 IPO 退出：借壳上市

借壳上市是指一些非上市公司通过收购一些业绩较差，筹资能力弱的上市公司，剥离被收购公司资产，注入自己的资产，从而实现间接上市的操作手段。

好处　　　　　　坏处

平均时间减少，资质合格后半年内完成审批流程，律师费用降低，且无须公开企业的各项指标。

容易产生一些负面问题，如滋生内幕交易、削弱现有的退市制度等。

收益稳定的退出方式：回购退出

股权回购是指按照投资协议的规定，在投资期限届满之后，由被投资企业购回投资人所持有的公司股权。原则上来说，公司自身是不能进行回购的，最好由公司的创始人或实际控制人进行回购。

投资人最不愿意看到的退出方式：清算

对于已确认项目失败的创业资本应尽早采用清算方式退回以尽可能多地收回残留资本，其操作方式分为亏损清偿和亏损注销两种。

好处　　　　　　坏处

破产清算是不得已而为之的一种方式，该方式可以让投资人收回部分投资。

破产清算意味着本项目投资亏损，资金收益率为负数。

　　股权投资退出方式中不确定性因素太多，所以投资人在选择退出方式时应当保持灵活性，适时改变策略，选择合适的退出方式以避免收益受到影响。

股权融资中的常见问题

自我国证券交易所成立以后，企业在股权、债务融资结构的选择中，股权融资比重不断上升并逐渐呈绝对的偏向。虽然股权融资在企业投资与经营方面存在着很多优势，但是也存在着一些问题，这些问题都需要企业去逐一进行解决。

◎ 股权融资和非法集资的区别

由于非法集资的特征与许多融资方式都比较相似，这让许多企业或投资人都难以区分。而股权融资与非法集资最大的区别在于，股权融资是合法的法律行为，而非法集资是非法的。

股权融资和非法集资的四大区别

股权融资和非法集资有哪些区别 看

回报上存在的实质性差别

对金融秩序的影响差异

投资的风险控制程度差异

法律保护方面的相关差异

股权融资		非法集资
股权融资没有承诺的固定回报，而是享受股东权利但也承担股东风险。	回报上存在的实质性差别	非法集资通常都是以承诺一定期限还本付息为标准，且承诺的利息往往远高于银行的利息。
股权融资进行的资本经营，一定程度上扩张了资本市场，并没有扰乱市场。因为股权融资是投向一个实体项目，不是简单的进行资本的经营。	对金融秩序的影响差异	非法集资会干扰金融机构的秩序。但只有当行为人非法吸收公众存款，用于货币资本的经营，才能认定是扰乱金融秩序。
股权融资一般是由企业创始人或管理人发起，将融资资金用于确定的项目。	投资的风险控制程度差异	非法集资往往是由个人发起，聚集大量钱财，投向几个不为借款方所知的项目，并承诺收益。
股权融资以有限合伙企业的形式去投资项目，受到法律保护。	法律保护方面的相关差异	非法集资本身就是违法行为，不存在法律保护的问题。

小贴士

在股权融资中，比较常见的投资方式是"领投人 + 跟投人"，领投人在受到跟投人委托并尽职尽责调查的情况下，出具相关报告，对跟投人负责，其中的相关投资信息、风险承担及收益分配等公开、透明。而非法集资却存在着许多不确定性及信息不对称性等问题。

◎ 股权融资风险控制的优势和缺陷

股权融资作为当前比较火热的融资方式，在为广大中小企业获得资金方面发挥着积极的作用。同时，由于股权融资在风险控制方面的不足，使得投资人参与股权融资时必须面临各种意外风险。因此，可以说股权融资风险控制既有优势又有缺陷。

股权融资风险控制的优势

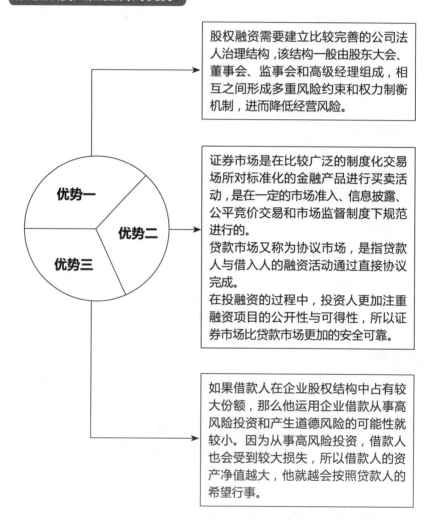

股权融资需要建立比较完善的公司法人治理结构，该结构一般由股东大会、董事会、监事会和高级经理组成，相互之间形成多重风险约束和权力制衡机制，进而降低经营风险。

证券市场是在比较广泛的制度化交易场所对标准化的金融产品进行买卖活动，是在一定的市场准入、信息披露、公平竞价交易和市场监督制度下规范进行的。
贷款市场又称为协议市场，是指贷款人与借入人的融资活动通过直接协议完成。
在投融资的过程中，投资人更加注重融资项目的公开性与可得性，所以证券市场比贷款市场更加的安全可靠。

如果借款人在企业股权结构中占有较大份额，那么他运用企业借款从事高风险投资和产生道德风险的可能性就较小。因为从事高风险投资，借款人也会受到较大损失，所以借款人的资产净值越大，他就越会按照贷款人的希望行事。

优势一

优势二

优势三

股权融资风险控制的缺陷

股权融资风险控制的两大缺陷

企业管理者导致的风险

股权代理人导致的风险

当企业在利用股权融资对外筹集资金时，企业的经营管理者就可能产生进行各种非生产性的消费，并采取有利于自己或其他大股东而不利于小股东的投资政策等道德风险行为，导致经营者和股东的利益冲突。

当股权融资活动根据协议安排时，由于股权协议存在委托——代理的关系，代理人的投资目标并不总是和委托人相一致，而产生代理成本。代理人利用委托人的授权为增加自己的收益而损害和侵占委托人的利益时，也会产生严重的道德风险。

解决办法

企业经营管理者的道德风险主要源于管理者持股比例过低，只要适当地调整管理者的持股比例就可以缓解该类风险。

具体操作

管理者持股比率不变时，在企业的融资结构中增加负债的利用额，使管理者的持股比率相对增大，这样就可以有效地防止经营者的道德风险。

股权融资的常见风险

控制权稀释风险
投资人进行融资后，可以获得企业的一部分股权，这也将导致企业原有股东的控制权被稀释，甚至有可能会失去企业的实际控制权。

根据企业融资的相关规则，如果企业选择了股权融资，那么很可能会错过其他融资方式，进而会失去获得更多资金的机会。
机会风险

经营风险
创始人在企业的战略、经营管理方式等方面与投资人产生重大分歧时，容易导致企业经营决策困难，其主要体现在以董事会为治理核心的法人治理机构中。

◎ 股权融资有哪些核心问题

目前，由于监管政策法规的缺失和制度的不完善，国内股权融资不可避免地存在一些问题，最常见的包括风险控制管理、融后管理及分红、股权退出。

股权融资的核心问题

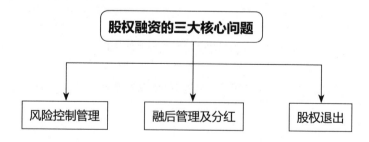

股权融资的三大核心问题

风险控制管理　　融后管理及分红　　股权退出

风险控制管理

风险控制是股权融资活动中的重要保障。目前，在某些股权融资平台中，缺乏熟悉行业知识的专业人员，无法在行业领域对融资项目提出专业性的指导意见。所以一定要保证团队的专业性，在融资项目前期对其企业进行调研和定位。

融后管理及分红

许多股权融资项目只注重融资环节，而忽视项目的筹后管理，从而产生各种问题，导致项目后期的发展受到阻碍，对投资者的分红无法兑现，使各方的利益受损。

股权退出

股权退出是股权融资的一大难题，当前股权融资的退出机制具有多种方式。但这些退出方式或多或少存在一些问题，如股权回购可能损失资金、人际关系及渠道等。股权转让需要经过其他众多投资人的确认，操作难度较大；对于中小企业来说，想要成功在新三板挂牌是非常困难的。

◎ 企业是否可以主动寻找股权融资对象

前面介绍了企业获取投资人的方法，但并不是所有的投资人都是自己的融资对象。一般情况下，需要进行股权融资的企业可以选择金融投资人或战略投资人进行合作，不过企业需要提前了解金融投资者和战略投资者的特点和利弊，并结合自身的情况来选择合适的投资者。

股权融资的两种对象

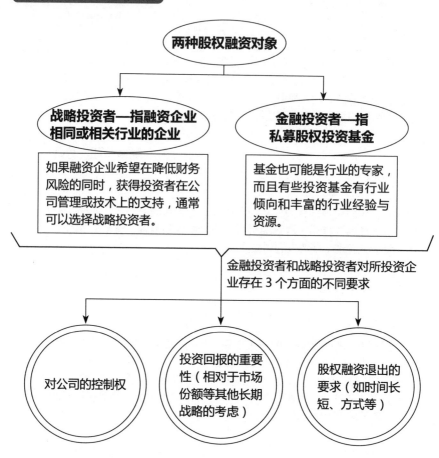

　　战略投资者有利于提高企业的资信度和行业地位，同时可以使企业获得技术、产品、上下游业务或其他方面的互补，以提高公司的盈利和盈利增长能力。而金融投资者更关注投资的中期回报，以上市为主要退出机制，所以企业需要保证自己 3 ～ 5 年后的业绩可以达到上市的要求。

第6章

股权融资的商业计划书这样写

一份可行的商业计划书，可以将一个好的创意转变为一个合理的项目，甚至是一个成功的企业。因为商业计划书是获取投资的"钥匙"，也是对企业进行推广、分析和融资的"红头文件"。因此，商业计划书的质量对企业融资至关重要。

商业计划书及构成要素

商业计划书是企业或项目单位为了达到招商融资和其他发展目标，根据一定的格式和内容要求而编辑整理的一个向受众全面展示公司和项目的目前状况、未来发展潜力的书面材料。想要写出一份可行的商业计划书，了解它的基本概述及构成要素是第一步。

◎ 商业计划书的重要性及普遍存在的问题

商业计划书是一份全方位的项目计划，其主要目的是递交给投资人，以便于他们能对企业或项目做出评判，从而使企业获得融资。只有内容翔实、数据丰富、体系完整及装订精致的商业计划书才能吸引投资人，让他们看懂企业项目的商业运作计划，才能使企业的融资需求成为现实。那么，商业计划书有哪些作用和存在的问题呢？

商业计划书核心作用

商业计划书的三大作用

| 项目融资工具 | 梳理项目思路 | 项目管理战略提纲 |

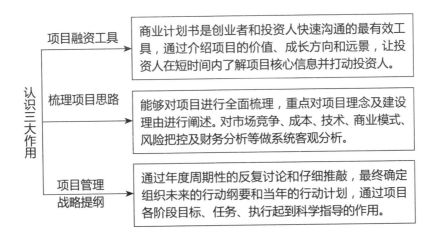

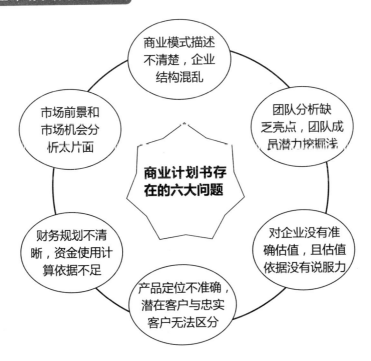

◎ 商业计划书的类型

商业计划书的好坏，不管是对于正在寻求资金的初创企业，还是发展型的风险企业来说，都是决定其融资成败的重要因素。但是许多企业和创业者常会犯一个致命的错误，那就是认为只有一种商业计划书对自己来说是最好的。其实，没有一种商业计划书可以适用于所有融资企业，因为不同行业、不同风险投资机构及不同条件等因素，都影响着商业计划书类型的选择。

商业计划书的四大类型

微型计划书

工作计划书

提交计划书

电子计划书

目前，几乎每个商业理念都起始于某种微型计划。微型计划书篇幅不限，通常包括的关键内容有商业理念、需求、市场营销计划及财务报表等，特别是现金流动、收入预测及资产负债表。微型计划书可以看作商业计划书的浓缩和提炼，对于吸引投资人眼球、提高融资效率有很大的影响。

工作计划书是运作企业的工具，将利用较长篇幅处理细节，叙述应简洁。作为给内部人员使用的指导性文件，工作计划书不必纠结于排版、装订等方面，但在事实和数据方面的内在统一对于工作计划书和其他外向计划书同样重要。

提交计划书与工作计划书几乎有相同的信息量，但是在风格上有很多不同之处，除用语要求有所不同之外，提交计划书还应包括一些投资人所需要的关于所有竞争压力与风险的附加内容。

在计算机应用普及的今天，电子版商业计划书以其速度快、传送便捷、形式直观、成本低廉等优势得到了广泛应用。但电子计划书更易复制和传播，不利于有关信息的保密。因此，也不能完全替代纸张式计划书。

◎ 写好商业计划书的要点

如果企业的商业计划书不能给风险投资人以充分的信息，也不能激起投资人的投资冲动，那么最终的结果就是被粉碎机粉碎掉或直接扔进垃圾箱。为了确保企业的商业计划书能起到预期的作用，创业者需要把握一些写作要点。

商业计划书的几大要点

关注产品

在商业计划书中，应提供所有与企业的产品或服务有关的信息，还有企业实施的所有调查。最好将投资人请到产品或服务的研发中来，这样投资人才会对产品更加有兴趣，并让投资人觉得投资这个项目是值得的。同时，还需要细心回答一些常见的问题。

需要回答的问题

产品或服务正处于什么样的发展阶段？
产品或服务的独特性如何？
企业如何对产品或服务进行营销？
谁会使用企业的产品或服务，其主要原因是什么？
产品的生产成本是多少，销售价又是多少？
企业发展新的现代化产品的计划是什么？

展示管理队伍

想要把一个创意转换为一个成功的企业，其关键的因素是要有一个强大的管理团队。在这个团队中，团队成员不仅要有较高的专业技术知识，还要有丰富的管理才能和工作经验。其中，管理者的职能就是计划、组织、控制和指导企业实现目标。在商业计划书中，需要对整个管理团队的详情和职责进行描述，还要明确管理目标及组织结构图。

敢于竞争

在商业计划书中，创业者需要细致分析竞争对手的情况。因此，需要明确每个竞争者的销售额，如毛利润、收入及市场份额等。然后讨论自己企业相对于竞争对手所具有的优势，要向投资人展示消费者偏爱自己企业的原因。所以商业计划书中要明确说明，自己企业不仅是行业中的有力竞争者，而且将来还会是确定行业标准的领先者。同时，还需要细心回答一些常见的行业竞争问题。

需要回答的问题

竞争对手有哪些？
竞争对手的产品或服务是如何实现其价值的？
竞争对手的产品与自己企业的产品比较，有哪些共同点和区别？
竞争对手所采用的营销策略是什么？
竞争对手的销售情况如何？
竞争对手一般采用何种销售方式？

积极了解市场

商业计划书应给投资人提供企业对市场的深入分析和理解，其中包括经济、地理、职业及心理等因素对消费者的影响。还应该包括一个主要的营销计划，计划中需要罗列出企业计划实施的广告、促销等活动，并标明每项活动的预算和收益。同时，在商业计划书中还应对企业的销售战略进行描述。

需要回答的问题

企业是使用内部销售人员，还是聘请外部销售人员？
企业会选择分销商还是特许商？
企业对销售人员会进行哪些培训？
销售人员会被安排在哪些区域？
企业销售人员对产品的熟悉程度？
销售人员的营销经验如何？

明确行动方案

企业的行动方案应该做到基本没有漏洞，在商业计划书中要说明产品的组装、储存及物流运输有关的固定成本和变动成本的情况。同时，商业计划书中要明确说明一些相关问题。

需要回答的问题

企业将产品或服务推向市场的方法？
如何设计生产线？
如何组装产品？
企业生产产品时需要哪些原料？
企业是买设备还是租设备？

◎ 商业计划书的基本内容

撰写一份商业计划书，是一项非常复杂和艰辛的任务，必须按照相关的逻辑顺序对许多可变的因素进行分析和思考，并得到可信的结论。而不同行业的商业计划书形式也有所不同，不过从总的结构方面来看，所有的商业计划书都应该包括三大基本内容。

商业计划书的三大基本内容

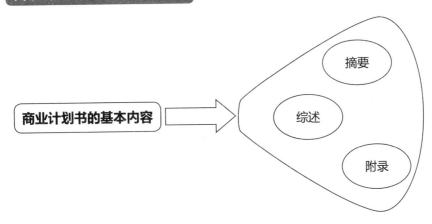

摘要 摘要是整份商业计划书的"凤头"，是对整份计划书的最高度的概括，长度通常以2～3页为宜。摘要的撰写要求精炼有力，并能回答风险投资人最关心的问题。从某种程度上来说，投资者是否中意你的项目，主要取决于摘要部分。

综述 综述是整份商业计划书的主体部分，其内容要翔实，需要在有限的篇幅之内充分展示需要描述的全部内容，让投资人知道他想知道的全部东西。主体中常见的内容有公司介绍、产品或服务、行业与市场及营销计划等。

附录 附录是商业计划书内容的有力补充和说明，而附录中可能出现的内容包括财务报表、信誉证明材料、图片资料及市场调查结果等。由于篇幅的限制，有些内容不宜于在主体部分过多描述。不过，可以把那些言犹未尽的内容，或需要提供参考资料的内容放在附录部分，供投资人阅读时参考。

商业计划书的几大综述内容

公司介绍 公司介绍需要说明公司结构、发展策略、财务情况、产品或服务的基本情况等。如果是拟创业的公司，创业者可以模拟成立一个公司来具体介绍。

产品或服务 商品或服务是在进行投资项目评估时，投资人最关心的问题之一，是指风险企业的产品、技术或服务能否解决及在多大程度上解决现实生活中的问题，或者风险企业的产品（服务）能否帮助顾客节约开支，增加收入。

行业与市场 行业分析主要介绍创业公司所属行业领域的基本情况，以及公司在行业中的地位。市场分析要介绍企业产品或服务的市场情况，如目标市场、在市场竞争中的位置、竞争对手的情况及未来市场的发展趋势等。

营销计划

拥有了高质量的产品和良好的市场后，还需要一个切实可行的营销计划，只有它们完美配合，才能获得更好的效果。营销计划主要介绍企业的市场营销策略、销售队伍的基本情况及销售结构等内容。

企业经营

企业经营主要介绍经营场所的基本情况、企业主要设施和设备、生产工艺基本情况、生产力和生产率的基本情况，以及质量控制、库存管理、售后服务、研究和发展等内容。

企业管理

一个稳定团结的核心团队，可以帮助创业者渡过各种难关，是公司最宝贵的资源。其中，企业管理主要介绍管理理念、管理结构、管理方式、主要管理人员的基本情况及顾问队伍等基本情况。

财务管理

财务管理主要介绍企业财务管理的基本情况，包括融资需求和财务预测报告。融资需求要说明实现公司发展过程中所需要的资金额度、时间和用途。财务预测是公司发展的价值化体现，必须与公司的历史业绩和发展趋势相一致。

企业发展计划

企业发展计划主要介绍企业的发展目标、发展策略、发展计划、实施步骤及风险因素的分析等。

退出计划

退出计划主要告诉投资人如何收回投资、什么时间收回投资及大约有多少回报率等情况。因此，创业者需要设计出一种最优的资本退出计划，并且需要详细说明该退出计划的合理性。

小贴士

商业计划书的基本内容可以根据企业的产品或服务的特点进行调整，不用生搬硬套。当然，创业者不仅可以按照上面阐述的过程撰写商业计划书，还可以根据企业的产品或服务特点来撰写，然后对内容进行发散与丰富。

如何产生一份好的商业计划书

一个专业的投资机构，每个月都会收到多份各式各样的商业计划书，而每个风险投资人每天都要阅读几份到几十份的商业计划书，但能引起他们注意力并感兴趣投资的往往只有那么几份。所以想要吸引到投资人进行投资，一份好的商业计划书必不可少。

◎ 撰写商业计划书的基本"套路"

商业计划书不是学术论文，它可能面对的是非技术背景但对计划有兴趣的人，如投资人、合作伙伴和政府机构等。因此，一份好的商业计划书，应该写得让人明白，避免使用过多的专业词汇，聚焦于特定的策略、目标、计划和行动。

常见的商业计划书写作原则

内容完整 → 在商业计划书中，需要全面披露与投资有关的信息。因为按照《中华人民共和国证券法》的相关规定，风险企业必须以书面形式披露与企业业务有关的全部重要信息。如果披露不完全，当投资失败时，风险投资人就有权收回其全部投资并起诉企业家。

保持简洁 → 一般情况下，一份常规的商业计划书最好不要超过 50 页，30 页左右是比较合适的。

内容清晰完整 → 一份好的商业计划书，要做到简明扼要、条理清晰、内容完整、语言通畅易懂及意思表述精确。同时，还要使投资人读后对相关的问题非常清楚。

需要明确的常见问题

1. 公司的商业机会。
2. 创立公司所需要的资源。
3. 把握这一机会的进程。
4. 风险和预期回报。

直入主题 → 撰写商业计划书的目的是为了获取风险投资人的投资，而不是为了与风险投资家谈天说地。所以在开始撰写商业计划书时，应该避免一些与主题无关的内容，要直接地切入主题，因为风险投资人并没有那么多时间来阅读一些对他毫无意义的东西。对于创业者来说，这点需要特别注意。

进行充分调研 → 当一个创意出现在创业者的大脑中时，它也就有了存在的价值。当然，创业者要将该创意付诸实施并不是一件容易的事情。因此，创业者在撰写商业计划书前，应该进行充分的市场调研，做到有备而作。

调研的内容

1. 企业的投资项目中，产品或服务处于一个什么样的范畴？
2. 企业所属领域中，目前的情况如何？
3. 企业的项目是研发性质、生产性质、分销性质还是服务性质？
4. 企业产品的研发处于哪一个阶段？
5. 企业产品或服务的市场前景如何？
6. 目前的市场状况如何？

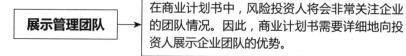

展示管理团队 → 在商业计划书中，风险投资人将会非常关注企业的团队情况。因此，商业计划书需要详细地向投资人展示企业团队的优势。

需要关注的几个方面

1. 创业者是否真的具有领导人的能力，具备应有的素质？
2. 企业的管理团队是否具有坚定的信念，目标是否一致？
3. 企业的管理团队在市场中的战斗力如何？
4. 企业的管理者是否非常熟悉市场和善于开发潜在的市场？

◎ 商业计划书的评估

一份好的商业计划是所有投资人共同追求的目标，好的商业计划应该包括正确的市场机会和强大的管理团队。任何投资机构在进行风险投资前，都会对商业计划书进行非常科学的、严谨的审查评估。因此，商业计划书是否能够顺利通过评估，是获得投资的关键所在。

评估标准

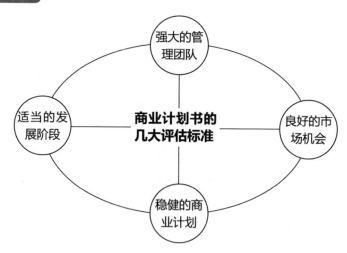

对商业计划书的一般要求

对商业计划书的一般要求包括 3 个方面

是否对项目可能面临的各种风险因素，以及是否对项目的可行性进行了全面系统深入的研究。

需要评估商业计划书中采用的数据是否真实可靠，市场分析预测结果是否令人信服，财务分析的方法是否恰当，结论是否可信，各种逻辑推理是否合理。

在商业计划书中，其内容的编写格式是否规范，是否包含足够信息。

商业计划书关键环节的评估要点

选择恰当时间进入

对于风险投资来说，种子期（研发阶段）和成长期（中试阶段）为最佳投资期。

对于产业投资而言，推广期（小批量生产）和成熟期（已经成功进入市场）应为最佳投资期。

市场前景与营销策略

分析竞争对手在目标市场和预期市场中的市场占有情况，并重点评估对市场预测的推理逻辑是否合理，企业经营存在的市场风险评估和对目标市场的界定是否合理，目标客户群的规模及增长前景。

评估市场竞争状况，分析对企业核心竞争力的界定是否恰当，市场营销计划是否完善，主要竞争优势及中长期竞争策略是否恰当。

评估企业如何养成在行业中的核心竞争力，如何更有效地进入市场，分析谁会最早成为项目产品的目标市场人群。

项目管理团队	重点评估 CEO、董事长、总经理、首席执行官、技术开发及财务管理等关键职位是否已有胜任人选，并确认管理团队的最终组建方案。
	评估关键职位管理人的技能和经验，分析其担任过的管理职位或其他成功业绩。
治理结构和投资回报	评估是否具备一套控制和管理企业运作的制度安排，治理结构能否有效解决管理层的激励问题，各利益相关主体的权利义务和责任是否明确，能否确保投资人在企业中的投资得到应有的保护和获得投资回报。
项目获利途径	重点评估业务模型的选择情况、所确定的经营模式和企业盈利目标、评估项目可能的收入来源及影响成功的关键因素，分析业务模型的潜在回报是否具有吸引力。
	评估产品的价值定位，分析产品能为客户带来何种服务和市场价值。对拟建项目的财务计划进行详细评估，包括投资总额及其构成、项目建设期及投资进度计划、收入及成本费用预测的依据、盈亏平衡和利润等情况。
技术及研发	评估所采用的技术成熟程度，是否经过中试阶段，与同类技术相比较所具有的领先地位，评估拟建项目的主要创新点，分析向消费者提供比市场上现有产品功能更强的产品或服务的途径和方式。
	评估所需资源的可获得性，能否控制非己所有的资源。
商业计划执行力度	要求商业计划书的相关部分结构清晰、目标明确、计划合理、数据翔实，以及确保该商业计划书能够作为未来企业推进拟建项目的行动指南并予以贯彻实施。

◎ 商业计划书的保密

由于商业计划书会涉及商业机密，所以做好保密工作非常重要。一般商业计划书都会附加相关的保密协议，以提醒双方不要泄露了商业机密。

案例陈述

商业计划保密协议

甲方：

乙方：

鉴于双方正在进行业务项目；

鉴于双方就该项目的实施以及合作过程中，向对方提供有关保密信息，且该保密信息属提供方合法所有；

鉴于双方均希望对本协议所述保密信息予以有效保护。

【商业秘密】

本合同提及的商业秘密，包括但不限于：技术方案、工程设计、电路设计、制造方法、配方、工艺流程、技术指标、计算机软件、数据库、研究开发记录、技术报告、检测报告、实验数据、试验结果、图纸、样品、样机、模型、模具、操作手册、技术文档及相关的函电等。

本合同提及的其他商业秘密，包括但不限于：客户名单、行销计划、采购资料、定价政策、财务资料、进货渠道等。

【秘密来源】

乙方从甲方获得的与项目有关或因项目产生的任何商业、营销、技术、运营数据或其他性质的资料，无论以何种形式或载于何种载体，无论在披露时是否以口头、图像或以书面方式表明其具有保密性。

甲方从乙方获得的与项目有关或因项目产生的任何商业、营销、技术、运营数据或其他性质的资料，无论以何种形式或载于何种载体，无论在披露时是否以口头、图像或以书面方式表明其具有保密性。

【保密义务】

对拥有方的商业秘密，接受方在此同意：

（1）严守机密，并采取所有保密措施和制度保护该秘密（包括但不仅限于接受方为保护其自有商业秘密所采用的措施和制度）；

（2）不泄露任何商业秘密给任何第三方；

（3）除用于履行与对方的合同之外，任何时候均不得利用该秘密；

（4）不复制或通过反向工程使用该秘密。接受方应当与能接触该商业秘密的员工、代理等签订一份保密协议，此协议的实质内容应与本协议相似。

【例外约定】

商业秘密拥有方同意上述条款不适用于下述情形：

（1）该商业秘密已经或正在变成普通大众可以获取的资料；

（2）能书面证明接受方从拥有方收到技术资料之前，已经熟知该资料；

（3）由第三方合法提供给他的资料；

（4）未使用拥有方的技术资料，由接受方独立开发出来的技术。

【返还信息】

任何时候，只要收到商业秘密拥有方的书面要求，接受方应立即归还全部商业秘密资料和文件，包含该商业秘密资料的媒体及其任何或全部复印件或摘要。如果该技术资料属于不能归还的形式，或已经复制或转录到其他资料或载体中，则应删除。

【保密期限】

本协议有效期为五年。

【争议解决】

本协议受中国法律管辖并按照中国的法律进行解释。由于本协议的履行或解释而产生的或与之有关的任何争议，如双方无法协商解决，应提交××仲裁委员会并按照其当时有效的仲裁规则和仲裁程序进行最终裁决。仲裁应用中文进行。上述仲裁裁决为终局裁决，对双方均有约束力。除仲裁裁决另有裁定外，仲裁费用应由败诉方承担。

【其他约定】

任何一方在任何时间任何期限里没有行使其本协议项下的权利，并不能解释为他已经放弃了该权利。

如果本协议的任何部分、条款或规定是不合法的或者是不可执行的，协议其他部分的有效性和可执行性仍不受影响。

未经另一方同意，任何一方不得转让其在本协议项下的全部或任何部分权利。未经双方事先书面达成一致意见，本协议不得以任何其他理由而更改。除非本协议的任何意思表示或保证具有欺诈性，本协议已包含了双方对合约事项的全部理解，它可取代此前的所有相关意思表示、书面材料、谈判或谅解。

甲方［签章］：

___年___月___日

乙方［签章］：

___年___月___日

摘要——商业计划书的开头

如果说商业计划书是敲开投资大门的"敲门砖"，那么商业计划书的摘要就是点燃投资人阅读商业计划书的火种。因为摘要是投资人首先要看到的内容，它浓缩商业计划书之精华，反映商业之全貌，是全部计划书的核心之所在。它必须让投资人有兴趣，并渴望得到更多的信息。

◎ 摘要应该表达的内容

一篇文章的摘要部分是全文中所要阐述问题的关键内容，商业计划书也不例外。在投资人看完商业计划书的摘要部分，必须能够对当前的项目有一个大致的了解，所以商业计划书的摘要需要具备一些必要的内容。

摘要部分应该表达的内容

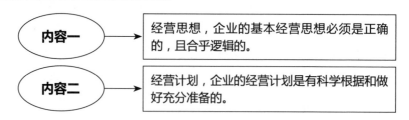

内容一 → 经营思想，企业的基本经营思想必须是正确的，且合乎逻辑的。

内容二 → 经营计划，企业的经营计划是有科学根据和做好充分准备的。

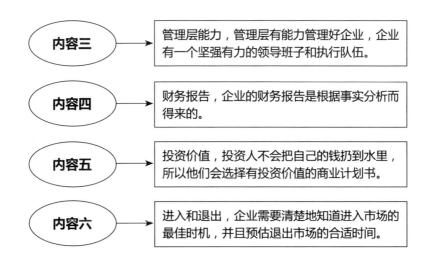

内容三 → 管理层能力，管理层有能力管理好企业，企业有一个坚强有力的领导班子和执行队伍。

内容四 → 财务报告，企业的财务报告是根据事实分析而得来的。

内容五 → 投资价值，投资人不会把自己的钱扔到水里，所以他们会选择有投资价值的商业计划书。

内容六 → 进入和退出，企业需要清楚地知道进入市场的最佳时机，并且预估退出市场的合适时间。

案例陈述

商业计划书摘要

【投资亮点】

公司定位于为大中型医院客户提供手术室使用的医疗器械，并为家庭客户提供家用健康产品和服务，具有广阔的市场发展空间及前景。目前，公司已获得 A 投资公司和 B 投资公司的注资，在国外已经构建了完整的企业框架。

【公司背景】

公司成立于 2008 年，是集研发、生产、销售和服务为一体的医疗产品和家用健康产品提供商，在 2012 年获得 A 投资公司和 B 投资公司 800 万美元投资后，开始进入家用呼吸健康产品研发和生产。公司为了今后在海外市场上市，已搭建完成海外红筹法律架构。公司在全国大部分地区都设立了分公司或办事处，与全国上千家医疗器械代理商保持业务合作关系。

【产品】

公司的产品可以分为医疗产品和家用健康产品。

医疗产品：X 光机、麻醉机、彩超和监护仪。

家用健康产品：家用／便携式制氧机、呼吸治疗仪和睡眠呼吸疾病诊断仪。

【商业模式】

公司负责产品研发和生产，超过 85% 的产品是由分布全国的代理商渠道销售给最终客户。对于部分大型政府招标项目，公司也直接参与。公司的产品主要通过展会、刊物广告等方式进行品牌推广，而产品的售后服务由公司负责。

【竞争优势】

公司产品主要定位于中型城市的大中型医院，与西门子、飞利浦等国外大品牌没有太大的竞争。公司的优势是品牌有很好的市场知名度，分布全国的市场推广和管理渠道，以及上千家代理商的销售网络，与 5 000 多家医院有常年密切合作关系。公司产品定位更专注，技术性能处于领先地位，并拥有完全的自主知识产权。与国外医疗器械相比较，存在明显的成本及价格优势。

【发展规划】

（1）产品继续研发，包括家用呼吸治疗仪、耗材等；

（2）2012 年年底之前完成全系列产品的 CE 认证和 FDA 认证；

（3）建设覆盖全国省会城市的家用呼吸健康产品营销中心；

（4）海外市场拓展。

【历史和预计财务收入】

2012 年总收入为 7 000 万元，净利润为 1 400 万元；

2013 年总收入为 15 000 万元，净利润为 2 600 万元；

2014 年总收入为 37 000 万元，净利润为 6 800 万元；

2015 年总收入为 46 000 万元，净利润为 7 700 万元。

【融资计划及用途】

计划募集 1 200 万美元，主要用于家用呼吸健康产品的进一步研发、大规模生产及市场营销网络的建立。资金用途：产品研发（400 万美元）、市场及渠道费用（200 万美元）、生产支持（300 万美元）、技术并购（300 万美元）、补充流动资金（100 万美元）。

【管理团队】

李某，任职 CEO，2008 年创建本公司。之前 10 年，创立公司并完成 ××× 公司的收购。在 ××× 集团医疗事业部任总经理，获得 ××× 大学工程控制专业硕士学位。

张某，任职营销副总。曾任 ××× 医疗集团副总经理、×× 医疗公司营销总监。毕业 ××× 医学院临床专业。

陈某，任职 CTO。曾任 ××× 医疗技术有限公司副总经理兼 CTO、××× 中国有限公司产品总监。毕业于 ××× 大学精密仪器专业。

◎ 撰写摘要注意的事项

在风险投资成长的今天，一份商业计划书可能引来一笔风险投资，尤其是随着中国创投市场的不断成熟，越来越多的风险投资人在选择创业企业时，首先会从商业计划书中发现投资的价值。而摘要是商业计划书的门面。因此，在撰写商业计划书的摘要时，需要特别注意一些问题。

撰写摘要的四大注意事项

商业计划书摘要撰写的注意事项

① 最后完成摘要部分

在撰写摘要之前，首先确保整份商业计划书的综合部分已经基本完成。然后反复阅读并修改综合部分内容，并提炼出整个商业计划书的精华内容再开始撰写摘要部分。摘要完成之后，最好请其他人再次检查并提出意见。如果连身边的人都无法打动，那么就需要考虑重写商业计划书的摘要。

② 摘要要有针对性

在撰写商业计划书摘要时，一定要常在心里自问，到底哪些投资人会阅读自己的商业计划书？因为不同投资人的兴趣和投资偏好不同，所以看中商业计划书的侧重点会有所不同。对不同的投资者，要突出不同的方面。例如，金融投资机构对企业的发展成绩感兴趣，而投资公司则对企业的研发技术感兴趣。

③ 摘要的文笔要生动

虽然商业计划书的摘要不是散文，不需要撰写得多么优美，但也要做到风格开门见山，夺人眼目，让投资人可以立即抓住重点。千万避免行文含蓄晦涩，让人难以琢磨。总之，投资人的时间就是金钱，所以他们不会浪费更多的时间去琢磨一份商业计划书的摘要。

④ 摘要完成后需检查

商业计划书的摘要撰写完成后，一定要先检查有无错别字、语句是否通顺等，切忌在摘要中出现常识性错误。如果使用英文撰写商业计划书的摘要，撰写完成之后，还需要使用专业的软件检查一遍拼写和语法，现在市场上通用的文字软件都有检查拼写和语法的功能。

综述：计划书的主体

在主体部分中，创业者需向投资人详细展示他们所要知道的内容。因为主体部分的功能就是最终说服投资人，使他们充分相信企业的项目是一个值得投资的好项目，以及企业具有一个较好的管理团队，该团队有能力让投资人获得最佳的投资回报，下面就来看看主体中比较重要的部分。

◎ 企业的业务发展历史与未来

该部分内容主要是为了让可能对企业进行投资的投资人，对企业有一个初步的认识。如果创业者之前从未有过创业经验，但有一个好的创意，则可以在该部分中详细介绍自身情况，让投资人更了解创业者。但更多时候是以企业的身份来获取投资资金，此时就需要在该部分简明扼要地介绍公司。

业务发展历史与未来中包含的常见内容

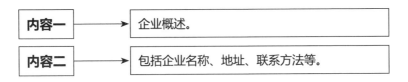

| 内容一 | → | 企业概述。 |
| 内容二 | → | 包括企业名称、地址、联系方法等。 |

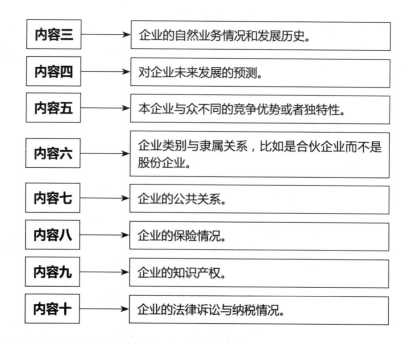

内容三	→	企业的自然业务情况和发展历史。
内容四	→	对企业未来发展的预测。
内容五	→	本企业与众不同的竞争优势或者独特性。
内容六	→	企业类别与隶属关系，比如是合伙企业而不是股份企业。
内容七	→	企业的公共关系。
内容八	→	企业的保险情况。
内容九	→	企业的知识产权。
内容十	→	企业的法律诉讼与纳税情况。

如何对业务发展历史与未来进行描述

一般描述 ▶ 在内容的开头可以写"本企业位于……"，然后在后面添加上企业地址、电话及联系人等信息。

业务性质 ▶ 介绍企业所从事的主要业务，尽可能通过几句话让投资人了解企业的产品或服务，然后对相应的产品或服务进行一个简单描述。

业务发展历史 ▶ 介绍企业成立的时间、第一次生产出商品的时间及企业的发展历程等。该部分内容要简短切题，字数不要太多，一般在一页左右。因为在与投资者进行面谈时，对方会提出一些与企业发展历史相关的问题，此时只要详细回答即可。

业务性质 ▶ 可以按时间顺序描述公司未来业务发展计划，并指出关键的发展阶段。风险投资人在阅读本部分内容时，一般需要了解风险企业未来 5 年的业务发展方向。

营销	该部分主要是描述产品的销售过程和分销渠道，如产品是如何出厂并到达最终消费者手中的、公司自己有直销队伍还是通过代理商进行销售、有哪些零售商和中间商参与了企业产品销售过程，以及风险企业和中间商的关系如何等。
协作人	如果企业在生产过程中，有其他的合作商参与其中，那么就要将其予以说明，如合作商人名单、合作金额、单位名称及联系电话等。
公司组织结构	本部分主要说明企业的结构性质，如股份制、合伙制等。此外，还需说明企业是否是一家有着附属公司的母公司。在公司拥有多家子公司的情况下，就需要使用图表来表示它们之间的法律关系，并写明所占的股权比例。
专利与商标	本部分主要是对企业所持有的或准备申请的专利和商标进行描述，通过对专利和商标的描述表现出企业的独特性。

小贴士

如果企业的产品专门为政府部门提供，投资人通常会担心企业可能会受到政府部门影响，此时需要创业者用强有力的解释来消除投资人的疑虑；如果企业的消费者非常单一，那么投资人也很难接受这样的营销安排，因为营销渠道太窄，会增加投资风险。

◎ 企业的产品与服务

如果初创企业已经拥有了一个强有力的管理团队，那么就可以将自己的产品或服务对投资人进行一个详细的介绍。因为投资人要进行投资，首先需要知道企业的目标产品或服务，并确定该产品或服务是否适应当前的市场要求。

产品或服务需要展示的内容

产品或服务部分常常需要展示的内容

企业产品或服务的名称、特征及性能用途。

企业产品或服务的研究开发过程。

企业产品或服务处于生命周期的哪个阶段。

企业产品或服务的研究过程是怎样的。

企业产品或服务的技术改进和更新换代计划及成本。

产品或服务在评估时需要回答的问题

对企业产品或服务的销售情况进行评估，投资人可能会询问企业以下问题

产品或服务具有怎样的实用价值？

产品或服务能为用户提供什么样的功能？

产品或服务的生命周期有多长？

在市场上是否已经有同类产品或服务？

与其他产品或服务相比，你的产品或服务具有哪些独特性？

你对产品或服务的知识产权保护将采取哪些措施？

哪些类型的消费者会使用你的产品或服务？

消费者使用你的产品或服务有什么目的？

◎ 企业的财务分析

财务分析内容需要企业花费大量的时间进行编写，因为投资人希望从企业的财务分析内容中看出企业未来经营的财务损益情况，从而判断出自己未来的投资可以获得一个怎样的回报。

财务分析的常见行为

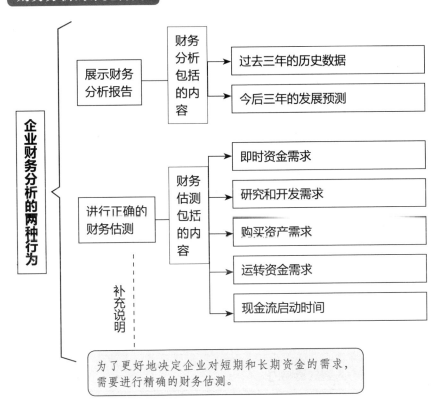

◎ 企业投资的风险分析

虽然大部分投资人都知道风险投资具有很高的风险，但是投资人还是想要知道融资企业可能会面临的风险、风险的大小及企业采取的风险防范措施。所以在企业的商业计划书中需要对本次融资的风险及防范措施进行阐释，这样投资人才会更加放心地进行投资。

在商业计划书中需要描述的几点风险

经营期限较短

如果企业属于初创企业，那么其经营历史就较短，此时的风险是投资人比较关注的问题。

资源不足

如果企业没有按照计划的策略进行业务活动，那么很大一个原因就是资源不足，这也是一个潜在的风险。

生产不确定因素

如果在生产过程中，可能会遇到一些不确定的因素，同样需要在商业计划书中描述清楚。

管理经验差

如果创业企业的管理人员是新手，那么就表示其缺乏管理经验，同样需要在商业计划书中描述清楚。

清偿能力

投资人在对企业进行投资时，一定会先对其清偿能力进行了解，所以企业不能对该部分进行模糊不清的描述。

核心人物的影响力

创业者需要以书面形式，或直接向投资人解释企业中的核心人物突然离开企业，会给企业带来何种影响。

可能出现的问题

在编写企业投资风险部分，企业还需要站着投资人的角度看待企业的经营状况，进而了解投资人的心理，提前做好应答准备。

商业计划书的撰写格式

撰写商业计划书的直接目的是为了寻找战略合作伙伴或者风险投资资金，其内容应反映出项目的投资价值。一般而言，项目规模越庞大，商业计划书的篇幅也就越长。如果企业处于初创阶段，且业务比较单一，则可以简单一些。但不管是篇幅较长还是篇幅较短的商业计划书，都必须符合相关的撰写格式。

一份可行的商业计划书具有关注产品、敢于竞争、充分市场调研、有力资料说明、表明行动的方针、展示优秀团队及良好的财务预计等特点。企业在撰写商业计划书时，第一步需要让其符合相关的格式，下面就来看看商业计划书的标准格式。

案例陈述

商业计划书

项目名称 _____

项目单位 _____

地　　址 _____

电　话 _____

传　真 _____

电子邮件 _____

联系人 _____

×× 市 ×× 集团有限公司

__ 年 __ 月制

【保密承诺】

本商业计划书内容涉及本公司商业秘密，仅对有投资意向的投资者公开。本公司要求投资公司项目经理收到本商业计划书时做出以下承诺：

妥善保管本商业计划书，未经本公司同意，不得向第三方公开本商业计划书涉及的本公司的商业秘密。

项目经理签字：

接收日期：_____年____月____日

【摘要】

1. 公司基本情况（公司名称、成立时间、注册地区、注册资本、主要股东、股份比例、主营业务、过去三年的销售收入、毛利润、纯利润、公司地点、电话、传真、联系人）。

2. 主要管理者情况（姓名、性别、年龄、籍贯、学历或学位、毕业院校、政治面目、行业从业年限、主要经历和经营业绩）。

3. 产品 / 服务描述（产品 / 服务介绍、产品技术水平、新颖性、先进性、独特性及产品的竞争优势）。

4. 研究与开发（已有的技术成果及技术水平，研发队伍技术水平、竞争力及对外合作情况，已经投入的研发经费及今后投入计划，对研发人员的激励机制）。

5. 行业及市场（行业历史与前景，市场规模及增长趋势，行业竞争对手及本公司竞争优势，未来 3 年市场销售预测）。

6. 营销策略（在价格、促销、建立销售网络等各方面拟采取的策略及其可操作性和有效性，对销售人员的激励机制）。

7. 产品制造（生产方式、生产设备、质量保证和成本控制）。

8. 管理（机构设置、员工持股、劳动合同、知识产权管理、人事计划）。

9. 融资说明（资金需求量、用途和使用计划、拟出让的股份、投资者的权利和退出方式）。

10. 财务预测（未来 3 年或 5 年的销售收入、利润、资产回报率等）。

11. 风险控制（项目实施可能出现的风险及拟采取的控制措施）。

【目　录】

【第一部分 公司基本情况】

公司名称 _____　　成立时间 _____

注册资本 _____　　实际到位资本 _____

其中现金到位 _____　　无形资产占股份比例 _____%

......

【第二部分 公司管理层】

董事长：_____

总经理：_____

财务负责人：_____

......

【第三部分 产品／服务】

产品／服务描述：_____

公司现有的和正在申请的知识产权：_____

专利申请情况：_____

......

【第四部分 研究与开发】

公司已往的研究与开发成果及其技术先进性：_____

公司现有技术开发资源以及技术储备情况：＿＿＿＿＿＿＿＿＿

公司寻求技术开发依托情况，合作方式：＿＿＿＿＿＿＿＿＿＿

……

【第五部分　行业及市场情况】

行业情况：＿＿＿＿＿＿＿＿＿＿＿＿＿＿＿＿＿＿

过去 3～5 年各年全行业销售总额：＿＿＿＿＿＿＿＿＿＿＿

未来 3～5 年各年全行业销售收入预测：＿＿＿＿＿＿＿＿＿

……

【第六部分　营销策略】

产品销售成本的构成及销售价格制订的依据：＿＿＿＿＿＿＿

在建立销售网络、销售渠道、设立代理商、分销商方面的策略与

实施：＿＿＿＿＿＿＿＿＿＿＿＿＿＿＿＿＿＿＿＿＿＿

在广告促销方面的策略与实施：＿＿＿＿＿＿＿＿＿＿＿＿

……

【第七部分　产品制造】

产品生产制造方式：＿＿＿＿＿＿＿＿＿＿＿＿＿＿＿＿

现有生产设备情况：＿＿＿＿＿＿＿＿＿＿＿＿＿＿＿＿

简述产品的生产制造过程、工艺流程：＿＿＿＿＿＿＿＿＿

……

【第八部分　管理】

公司是否通过国内外管理体系认证：＿＿＿＿＿＿＿＿＿＿

公司对管理层及关键人员将采取怎样的激励机制：＿＿＿＿＿

公司是否考虑员工持股问题，请说明：＿＿＿＿＿＿＿＿＿＿＿

......

【第九部分　融资说明】

为保证项目实施，需要新增的投资是多少：＿＿＿＿＿＿＿＿＿

新增投资中，需投资方投入：＿＿＿＿＿＿，对外借贷：＿＿＿＿＿

请说明投入资金的用途和使用计划：＿＿＿＿＿＿＿＿＿＿＿

......

【第十部分　财务计划】

产品形成规模销售时，毛利润率为＿＿＿＿＿%，纯利润率为＿＿＿%。

请提供：

未来 3 ～ 5 年项目盈亏平衡表

未来 3 ～ 5 年项目资产负债表

未来 3 ～ 5 年项目损益表

......

【第十一部分　风险控制】

请详细说明该项目实施过程中可能遇到的风险：＿＿＿＿＿＿＿

＿＿＿＿＿＿＿＿＿＿＿＿＿＿＿＿＿＿＿＿＿＿＿＿＿＿＿

【第十二部分　项目实施进度】

详细列明项目实施计划和进度，注明起止时间：＿＿＿＿＿＿

【第十三部分　其他】

为补充本计划书内容，进一步说明项目情况，请把有关问题在此

描述：＿＿＿＿＿＿＿＿＿＿＿＿＿＿＿＿＿＿＿＿＿＿＿＿

＿＿＿＿＿＿＿＿＿＿＿＿＿＿＿＿＿＿

第7章

权利质押担保物权——股权质押融资

在当前企业资金普遍比较紧张的背景下，股权质押融资成为金融市场上一种较为普遍的融资方式。因为它大大增加了企业的融资机会，有助于企业创新能力的提高，加速企业产品更新换代及产业化进程，成为企业融资的高效手段。

股权质押融资概述

近几年来，股权质押融资发展速度很快，其独特的融资方式无疑拓宽了企业的融资渠道，已成为众多企业特别是高科技企业融资的重要渠道。而企业在进行股权质押融资前，首先需要对其相关概述进行了解。

◎ 股权质押融资的含义

股权质押融资本质属于质押贷款，是出质人（借款人）与质权人（贷款行）之间的一种权利质押。具体来说，股权质押贷款就是借款人（企业）以自己或第三人持有的股权作为质押物，从银行或其他金融机构申请的一类贷款。

股权质押的三方

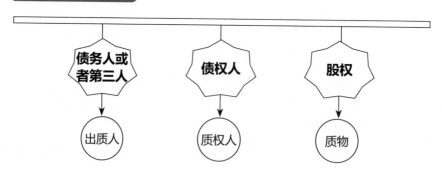

股权质押中的股权是股东权利的体现

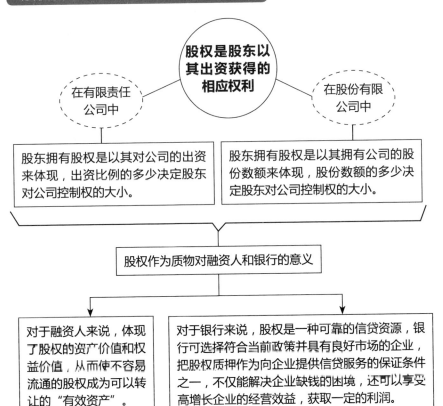

股权是股东以其出资获得的相应权利

在有限责任公司中

股东拥有股权是以其对公司的出资来体现，出资比例的多少决定股东对公司控制权的大小。

在股份有限公司中

股东拥有股权是以其拥有公司的股份数额来体现，股份数额的多少决定股东对公司控制权的大小。

股权作为质物对融资人和银行的意义

对于融资人来说，体现了股权的资产价值和权益价值，从而使不容易流通的股权成为可以转让的"有效资产"。

对于银行来说，股权是一种可靠的信贷资源，银行可选择符合当前政策并具有良好市场的企业，把股权质押作为向企业提供信贷服务的保证条件之一，不仅能解决企业缺钱的困境，还可以享受高增长企业的经营效益，获取一定的利润。

股权质押融资的特征

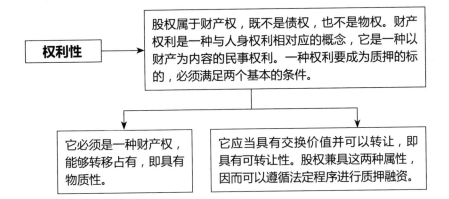

权利性

股权属于财产权，既不是债权，也不是物权。财产权利是一种与人身权利相对应的概念，它是一种以财产为内容的民事权利。一种权利要成为质押的标的，必须满足两个基本的条件。

它必须是一种财产权，能够转移占有，即具有物质性。

它应当具有交换价值并可以转让，即具有可转让性。股权兼具这两种属性，因而可以遵循法定程序进行质押融资。

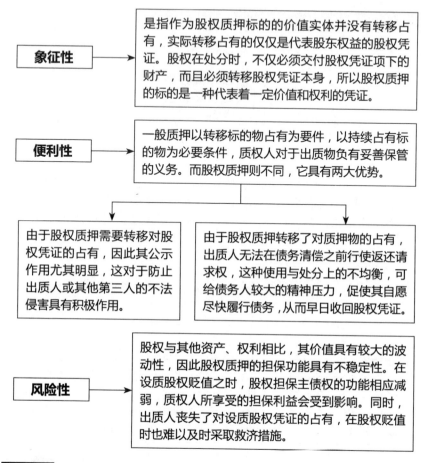

象征性 → 是指作为股权质押标的的价值实体并没有转移占有，实际转移占有的仅仅是代表股东权益的股权凭证。股权在处分时，不仅必须交付股权凭证项下的财产，而且必须转移股权凭证本身，所以股权质押的标的是一种代表着一定价值和权利的凭证。

便利性 → 一般质押以转移标的物占有为要件，以持续占有标的物为必要条件，质权人对于出质物负有妥善保管的义务。而股权质押则不同，它具有两大优势。

由于股权质押需要转移对股权凭证的占有，因此其公示作用尤其明显，这对于防止出质人或其他第三人的不法侵害具有积极作用。

由于股权质押转移了对质押物的占有，出质人无法在债务清偿之前行使返还请求权，这种使用与处分上的不均衡，可给债务人较大的精神压力，促使其自愿尽快履行债务，从而早日收回股权凭证。

风险性 → 股权与其他资产、权利相比，其价值具有较大的波动性，因此股权质押的担保功能具有不稳定性。在设质股权贬值之时，股权担保主债权的功能相应减弱，质权人所享受的担保利益会受到影响。同时，出质人丧失了对设质股权凭证的占有，在股权贬值时也难以及时采取救济措施。

小贴士

因为股权所代表的只是股东所享有的"一种观念上的抽象意义的财产权利"，股东难以对其进行实际控制和掌握。因此，股东所拥有的权利并不像实体物一样，可以任意地对其进行处置。

◎ 股权质押融资的条件

股权质押融资是一种新的融资担保方式，其大大增加了企业的融资机会，提高了企业的创新能力，加速了企业产品更新换代及产业化进程，成为企业融资的救命法宝。当然，企业实施股权质押融资还需要满足一定的条件。

不能办理股权出质的情形

根据《中华人民共和国担保法》《中华人民共和国公司法》等规定，这几种股权情形不能办理出质

- 被人民法院依法冻结的股权在解除冻结之前。
- 外商投资公司的股权在获得原公司设立审批机关批准前。
- 已经办理出质登记的股权。
- 公司的股权出质给本公司的。
- 有限责任公司未经公司登记机关登记的股权。
- 非流通股及限售流通股在达到流通或者解除限售条件前。

股权质押融资要满足的特殊条件

对于债权人来说，为了实现担保债权的目的，在出质人以股权设定质押时，用于质押的有限责任公司股权还需要具备一些特殊条件。

条件一 出质人已经按照公司章程履行了约定的缴资义务，且所缴出资为自己所有。其中，不仅包括已经全部缴纳出资的股权，还包括没有全部缴纳出资的股权。

条件二 质押股权所在的有限责任公司必须是依法成立的，其中有限责任公司的成立必须符合法定条件，已经履行了法定手续，各项法律文件已经齐备，而且已经履行了登记手续。

条件三 将股权用于质押的出质人应当具备由公司盖章的出资证明书，同时出质人还必须是公司股东名册已经记载了的股东，且该公司股东名册记载的股东已经向登记机关进行了登记。

条件四　在股权质押合同生效后，如果有限责任公司的经营期限需要变更的，除公司应当向公司登记机关申请变更登记外，出质的股东还应及时告知质权人公司经营期限变更的情况，以协商重新调整股权质押的期限。

条件五　股权质押必须经其他股东同意。

同一公司的股东之间以全部或者部分股权出质的，不受限制。

股东向公司股东以外的第三人以股权出质的，必须经其他股东过半数同意。

股东应就其股权出质事项书面通知其他股东征求同意。

（经股东同意的3种情况）

书面通知其他股东的3种情况

| 其他股东自接到书面通知之日起满30日未答复的，视为同意出质。 | 其他股东半数以上不同意出质的，应当由不同意出质的股东作为拟出质股权的质权人（债权人）。 | 不同意作为质权人（债权人）的，视为同意出质。 |

条件六　有限责任公司的股东作为债务人，同时欠本公司其他股东和公司股东以外的第三人的债务。在选择以股权质押方式进行担保的质权人时，应当将股权优先质押给本公司的股东。

小贴士

以持有的有限责任公司和股份有限公司股权出质，办理出质登记的，可以在当地工商管理机关办理。同时，申请出质登记的公司股权应当是依法可以转让和出质的股权。

◎ 股权质押融资的申请程序

虽然股权质押融资的流程比较简单，但是企业在进行股权质押融资之前还是需要对其进行了解，这样才能顺利完成融资操作。

股权质押融资流程

> 股权出质的企业召开董事会或者股东会并做出股权质押决议。

> 股权质押贷款的借款人向贷款人申请质押贷款并提供多项资料。

> 股权质押贷款的借款人和贷款人双方以书面形式签订贷款合同。

> 出质人和贷款人双方以书面形式订立股权质押合同。股权质押合同可以单独订立，也可以是贷款合同中的担保条款。

> 股权质押合同签订之日起 15 日内，股权质押贷款当事人须凭股权质押合同到工商管理机关登记办理股权出质登记，并在合同约定的期限内将股权交由工商管理机关登记保管。

> 企业向工商管理机关申请股权出质设立登记，并提交相关资料。

> 贷款人根据合同和《股权质押登记证明书》办理贷款。

> 股权质押贷款的利率、期限根据中国人民银行的有关规定确定。

借款人向贷款人申请质押贷款需提供下列资料

- 股权质押贷款申请书。

- 质押贷款的借款人上一季度末的财务报表，如资产负债表、损益表等。

- 股权出质公司上一个会计年度的资产评估报告。

- 股权出质公司同意质押贷款的证明。股份公司股权出质时，需要提交董事会或者股东会同意质押的决议；有限责任公司股权出质时，需要出具股权出质记载于股东名册的复印件。

- 贷款人要求提供的其他材料。

企业向工商管理机关申请股权出质设立登记需提交下列材料

- 申请人签字或者盖章的《股权出质设立登记申请书》。

- 记载有出质人姓名（名称）及其出资额的有限责任公司股东名册复印件，或者出质人持有的股份公司股票复印件（均需加盖公司印章）。

- 质权合同。

- 出质人、质权人的主体资格证明或者自然人身份证明复印件（出质人、质权人属于自然人的由本人签名，属于法人的加盖法人印章）。

- 国家工商行政管理总局要求提交的其他材料。

股权质押融资途径与风险防范

股权质押作为一种新型的融资担保方式，具有多种融资途径。同时，由于其流动性强、操作简单及易于变现等特点，受到许多企业（特别是中小企业）的欢迎。但由于当前市场和法律法规还不是特别成熟，因此也存在着一定的风险，需要企业提前做好防范措施。

◎ 中小企业股权质押融资的途径有哪些

与上市公司或大型企业比较，中小企业的融资方式显然少了很多。同时，中小企业想要进行股权质押融资也相对复杂一些。

中小企业股权质押融资的途径

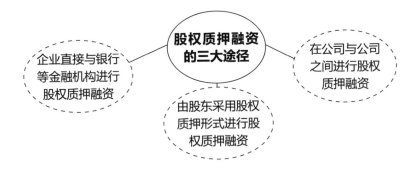

股权质押融资的三大途径

企业直接与银行等金融机构进行股权质押融资

由股东采用股权质押形式进行股权质押融资

在公司与公司之间进行股权质押融资

直接与银行等金融机构进行股权质押融资

对于中小企业来说，通常由公司股东出面，以其在企业中所持有的流动性公司股权作为标的，通过订立书面出质合同，将持有的公司股权质押给银行、农村信用社等金融机构，用以担保债务履行，向金融机构申请贷款。

两种情况

一般情况下，金融机构只是针对注册资本数额较大、实力雄厚、生产规模较大或经济效益良好的企业，提供这种贷款服务，并把资金直接借给出质人。

无法满足金融机构条件的中小企业，只能寻找一家有较高信誉度的担保机构作为保证人，由金融机构将贷款借给保证人，再由保证人提供给中小企业。

由公司股东采用股权质押的形式向担保公司提供反担保，进行股权质押融资

流程

在进行股权质押融资时，中小企业会先向银行提出贷款申请。

中小企业选择合适的担保公司，由担保公司向银行做出担保。

由公司股东采用股权质押形式，向担保公司提供反担保。

与银行签订相关协议，最终达到融资目的。

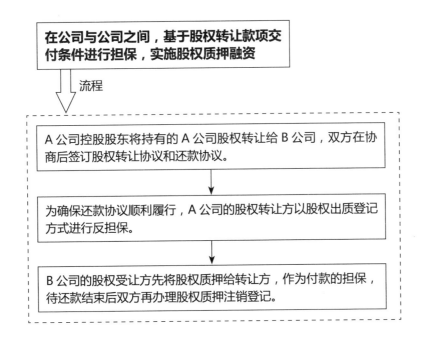

在公司与公司之间，基于股权转让款项交付条件进行担保，实施股权质押融资

流程

A 公司控股股东将持有的 A 公司股权转让给 B 公司，双方在协商后签订股权转让协议和还款协议。

为确保还款协议顺利履行，A 公司的股权转让方以股权出质登记方式进行反担保。

B 公司的股权受让方先将股权质押给转让方，作为付款的担保，待还款结束后双方再办理股权质押注销登记。

◎ 股权质押融资的主要风险

因为股权资产存在一些特殊性，所以使得股权质押融资更容易受到企业经营状况的影响，如股权质押的道德风险、股票下跌的风险等。

股权质押融资存在的风险

股权质押融资存在的四大风险

出质人信用缺失的道德风险。

股权价值波动的市场风险。

法律制度的不完善风险。

股权交易市场不稳定的处置风险。

出质人信用缺失的道德风险 股权质押的道德风险是指股权质押融资可能导致公司股东"二次圈钱"，甚至出现掏空公司的现象。因为股权的价值由企业的价值决定，对于非上市企业来说，其治理机制不完整，信息披露也不透明，同时还涉及许多第三方公司，所以容易产生道德风险。

股权质押有时候与股权转让相类似，质权人接受股权质押后，就意味着需要接受股权的市场风险，而股权价格的波动又比实物资产更频繁。因为不管是股权质押企业的经营风险，还是其他的风险，最后都是转嫁到股权价格上。 **股权价值波动的市场风险**

法律制度的不完善风险 当前，股权质押制度还存在一些缺陷，进而给质权人带来一定的风险，其主要体现在两个方面，分别是优先受偿权的特殊性隐含的风险和涉外股权瑕疵设质的风险。

目前，虽然各地产权交易所可以进行非上市公司的股权转让，但其受制于《关于清理整顿场外非法股票交易方案的通知》中对于非上市公司的股权交易"不得拆细、不得连续、不得标准化"的相关规定，一直无法形成统一的非上市公司股权转让市场。由于产权交易市场的不完善，绝大部分非上市公司股权定价机制难以形成，股权难以自由转让，质权人和出质人难以对股权价值进行合理的评估。 **股权交易市场不稳定的处置风险**

◎ 股权质押融资风险的防范

目前，随着全球经济的下滑，股权质押融资对中小企业来说有着极其重要的作用。但是，由于股权这类资产不具有物质承载性和可真实占有性，与其他融资方式比较，往往面临着更大的风险，从而制约着企业的融资操作。因此，如何控制这些风险，是企业进行股权质押融资的关键。

股权质押融资的风险防范

股权价值评估的风险防范措施

- 根据评估企业的具体状况，选择合适的评估方法，一般选择重置成本法、收益法和市场法。

- 为了节省成本，一般不聘请第三方独立评估，出质人根据合适的方法进行评估后，评估的数值仅作为谈判的基准，还需要咨询行业内成功的经营者或相关的专家。

- 评估的价值一定要扣除处置股权的费用和成本。

股权质押设定的风险防范措施

- 很多时候，公司没有向股东出具股东名册。即使出具股东名册，对股东名册的公示力、公信力也不强，对质权人也缺乏有力的保护，出质人有必要采用股东名册独立第三方登记托管，不过目前没有明确的法规做出规定。因此，企业需要由现有的工商登记体系中的股权登记来实现股东名册的独立第三方托管。

出质股权管理的风险防范措施

- 参与董事会，也就是作为观察员列席董事会或可独立发起召开临时董事会。

- 不定期地检查贷款企业的原始凭证和库存产品，贷款企业不得无故拒绝。

出质股权处置风险及防范措施

- 如果贷款企业出现坏账，担保公司必须处置股权求偿。因此，在临近贷款到期前，担保公司需要密切注意贷款企业的经营和财务状况。若发现可能出现坏账的情况，需要做好处置的准备工作，如与战略投资人、风险投资人及产权交易所等协调操作。

中小企业与上市股权质押融资

股权质押融资是以取得现金为目的，也就是公司通过股票质押融资取得的资金用以弥补流动资金不足的融资方式。一般情况下，股权质押融资分为 3 种类型，分别是中小企业股权质押、上市公司股票质押和大股东股权质押，不同的股权质押融资各有优缺点。

◎ 中小企业股权质押融资

2008 年 9 月，国家工商行政管理总局颁布了《工商行政管理机关股权出质登记办法》，对非上市公司股权出质登记进行了统一规定。此后，全国范围的中小企业股权质押融资业务蓬勃发展起来，这也解决了当前中小企业资金普遍比较紧张的难题。

案例陈述

A 有限责任公司是 B 市一家注册的中小企业，因发展需要，与浦发银行达成了亿元贷款意向，由于无法提供可抵押的不动产，贷款因此陷入困境。工商部门获悉情况后，建议 A 有限责任公司以相应的股权作质押担保，并派业务骨干指导企业完善资料、填写相关表格，用一天时间就为其办理了所有的股权质押登记手续。

同时，积极与银行沟通协商，得到了银行的认可，最终 A 有限责任公司与上海浦东发展银行股份有限公司，签订了当地首份股权质押合同，获贷款额 1.87 亿元，这也是迄今为止 B 市数额最大的一笔股权质押贷款。

股权质押融资让 A 有限责任公司的"死钱"变成了"活钱"，相对于其他担保方式而言，股权质押成本更低，手续也更简便。同时，经工商部门登记后即具备物权效力，且股权在押期间因被工商部门锁定即无法进行转让，银行的融资风险也得到了明显降低。

中小企业股权质押融资优缺点

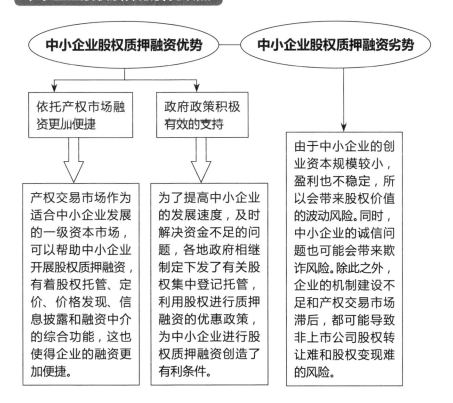

◎ 上市公司股票质押融资

上市公司股票质押融资是一种常见的债权融资方式，其主要有两种模式，分别是证券公司股票质押融资和个人股票质押融资。

上市公司股票质押融资的模式

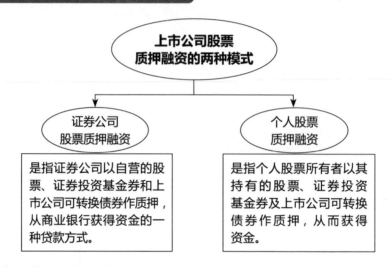

证券公司股票质押融资优缺点

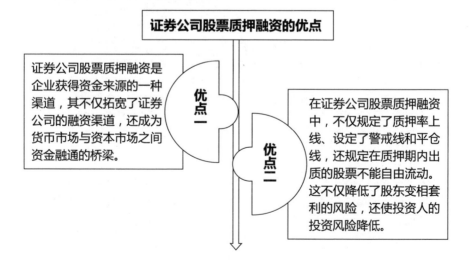

证券公司股票质押融资的缺点

《证券公司股票质押贷款管理办法》的出台为股票质押贷款业务的开展提供了政策依据，但是这种质押贷款的方式只适用于机构投资人，且被质押的股票缺乏流动性，抵押融资手续也比较复杂，无法满足部分中小投资者的融资需求。

如果银行需要开展股权融资业务，则必须在证券交易所开设股票质押贷款业务特别席位，并应有专门机构动态监控、代为管理出质股票。同时，对建立健全完善的内控机制和拥有专业人才有较高要求。

由于出质的股票在质押期内不具备流动性，虽然此限制保护了投资人的权益，但也抑制了券商获益的内在需求。

虽然与其他担保物相比，上市公司流通股票是一种风险较小的质物，但是银行还是需要花费大量的精力对其进行风险控制。

个人股票质押贷款的优点

个人股票质押贷款模式能够满足市场众多投资者的融资要求，充分发挥了银行和券商的优势。

银行不用新增硬件设施，也不用到证券公司办理出质登记和注销手续、到证券交易所开设股票质押贷款业务特别席位，只要满足当前的条件即可。

优点一　优点二

优点三　优点四

证券公司在这种模式中与银行是委托代理关系，充分发挥了证券公司的优势。证券公司作为借贷双方的中介人，有专业化的工作人员和齐全的交易监控设备。

如果出质人用于质押的股票在平仓线上，则可以使其自由流动。当股票价格上涨到出质人的止盈价位时，可以及时出售质押股票，最终保证出资人的盈利。

小贴士

个人股票质押贷款存在一个比较明显的风险，由证券公司代表银行监督股价波动，如果券商不认真履行三方协议，与出质人串通进行暗箱操作，那么银行的利益很容易受损。

◎ 上市公司大股东股权质押融资

在上市公司中，大股东可能会将其所持有的上市公司股权质押出去，以获得一定的资金，这一般不会对上市公司经营产生实质性的影响。在上市公司再融资且现金流趋紧的情况下，大股东若将股权用于质押融资，在一定程度上会利于上市公司的经营发展，不过大股东股权质押的背后也隐藏着巨大的风险。

大股东股权质押的原因

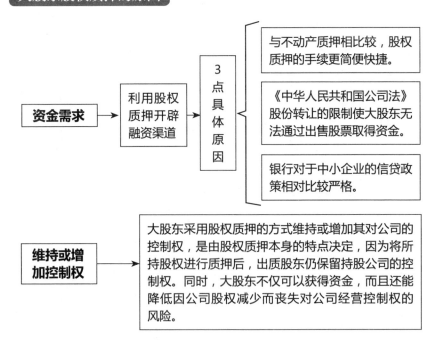

风险转移 → 具有经济利益关系的企业为解决融资难题而相互担保或是进行关联担保，形成的关联就是担保链，一旦担保链的某个环节出现问题，就可能给其他企业带来风险。而大股东进行股权质押融资，可以减少负债，从而降低担保链引发的风险。

大股东股权质押融资的缺点

大股东股权质押融资的六大缺点

企业在上市时，大股东可能已经将优良资产全部注入了上市公司，从而使上市公司的盈利能力被削弱，资产负债率变高。此时，再进行质押融资，必然导致负债率进一步上升和财务状况恶化，从而影响上市公司的发展。

大股东的过度杠杆化，容易引发市场对大股东不良财务行为的猜测。而大股东凭其控股地位而对上市公司进行利益操纵，这种操纵可能是通过关联交易、产品转移定价等手段，对上市公司进行利益输送。

如果大量股权被大股东质押出去，那么这些股权可能会被拍卖或冻结，进而导致上市公司出现控股权转移的风险。而控股权的转移会引发上市公司一系列的动荡，如主营业务、管理团队和企业文化的重大变化。

股东将法人股质押给市场，往往是大股东或上市公司的资金链出现了问题的信号，这样会直接影响投资人的投资判断，间接导致股价下跌。

大股东的股权质押行为会降低公司的价值，大股东的股权质押比例越高，其公司价值越低。

许多股权是质押给银行等金融机构的，但我国金融业的分立体制不允许商业银行以向企业投资的方式实现质权，银行必须拍卖所取得的上市公司股权，这样就会使相关上市公司的大股东发生变化，可能使中小投资人受到损失。

如何"玩转"新三板股权质押

自新三板问世以来，企业融资基本离不开定向增发。由于定向增发会致使股权的稀释，因此股权质押融资逐渐成为新三板企业短期融资的重要途径。

◎ 新三板挂牌股权质押操作流程

此前，新三板股权质押融资的主导地位一直被银行占据，随着银行渠道进一步收紧，许多互联网金融平台有了为新三板提供股权质押的机会。而新三板股权质押融资的流程与一般企业又存在着差异。

新三板股权质押融资流

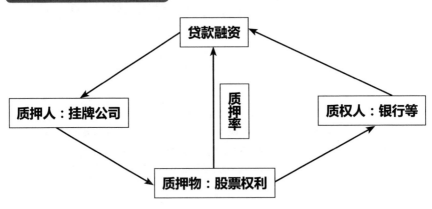

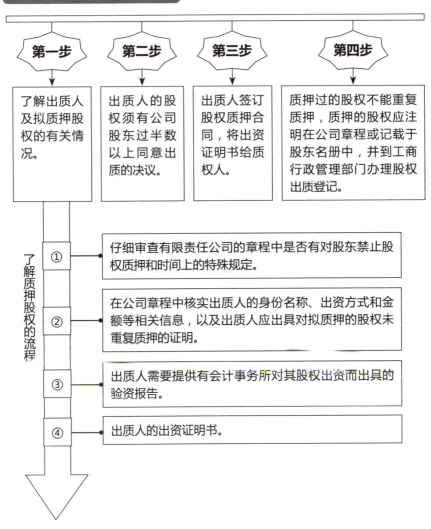

新三板股权质押一般流程

第一步
了解出质人及拟质押股权的有关情况。

第二步
出质人的股权须有公司股东过半数以上同意出质的决议。

第三步
出质人签订股权质押合同，将出资证明书给质权人。

第四步
质押过的股权不能重复质押，质押的股权应注明在公司章程或记载于股东名册中，并到工商行政管理部门办理股权出质登记。

了解质押股权的流程

① 仔细审查有限责任公司的章程中是否有对股东禁止股权质押和时间上的特殊规定。

② 在公司章程中核实出质人的身份名称、出资方式和金额等相关信息，以及出质人应出具对拟质押的股权未重复质押的证明。

③ 出质人需要提供有会计事务所对其股权出资而出具的验资报告。

④ 出质人的出资证明书。

◎ 新三板股权质押融资是一把"双刃剑"

新三板企业在进行股权质押融资时，无须监管审批，可以及时帮助企业摆脱资金瓶颈与避免股权稀释的困境。但股权质押融资对于新三板企业来说是一把"双刃剑"，有其优势，也有其劣势。

新三板股权质押融资的优势

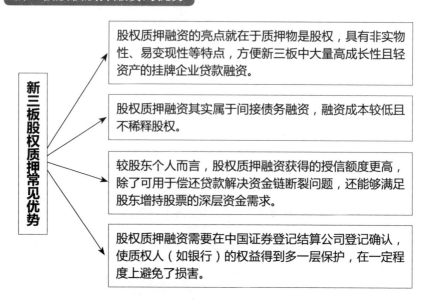

新三板股权质押常见优势

股权质押融资的亮点就在于质押物是股权，具有非实物性、易变现性等特点，方便新三板中大量高成长性且轻资产的挂牌企业贷款融资。

股权质押融资其实属于间接债务融资，融资成本较低且不稀释股权。

较股东个人而言，股权质押融资获得的授信额度更高，除了可用于偿还贷款解决资金链断裂问题，还能够满足股东增持股票的深层资金需求。

股权质押融资需要在中国证券登记结算公司登记确认，使质权人（如银行）的权益得到多一层保护，在一定程度上避免了损害。

新三板股权质押融资的劣势

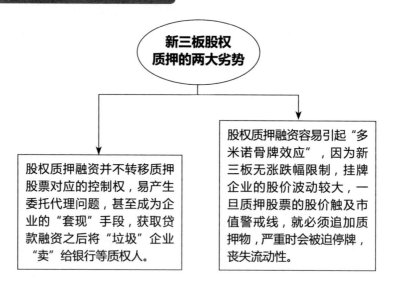

新三板股权质押的两大劣势

股权质押融资并不转移质押股票对应的控制权，易产生委托代理问题，甚至成为企业的"套现"手段，获取贷款融资之后将"垃圾"企业"卖"给银行等质权人。

股权质押融资容易引起"多米诺骨牌效应"，因为新三板无涨跌幅限制，挂牌企业的股价波动较大，一旦质押股票的股价触及市值警戒线，就必须追加质押物，严重时会被迫停牌，丧失流动性。

◎ 新三板股权质押融资的发展

规范新三板挂牌公司的信息披露，是银行及其他金融机构进行股权质押的前提之一。当然，股权质押融资的关键是股权的流动性，新三板自建立以来一直不断探索创新融资工具，以推动股权质押融资相关政策的出台。

新三板政策对股权质押融资的影响

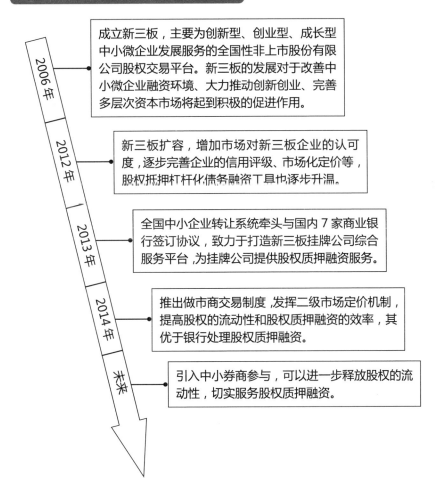

2006年 成立新三板，主要为创新型、创业型、成长型中小微企业发展服务的全国性非上市股份有限公司股权交易平台。新三板的发展对于改善中小微企业融资环境、大力推动创新创业、完善多层次资本市场将起到积极的促进作用。

2012年 新三板扩容，增加市场对新三板企业的认可度，逐步完善企业的信用评级、市场化定价等，股权抵押杠杆化债务融资工具也逐步升温。

2013年 全国中小企业转让系统牵头与国内 7 家商业银行签订协议，致力于打造新三板挂牌公司综合服务平台，为挂牌公司提供股权质押融资服务。

2014年 推出做市商交易制度，发挥二级市场定价机制，提高股权的流动性和股权质押融资的效率，其优于银行处理股权质押融资。

未来 引入中小券商参与，可以进一步释放股权的流动性，切实服务股权质押融资。

◎ 新三板股权质押如何做到防患于未然

由于新三板企业持续扩张、企业融资困难等原因，股权质押融资也随之升温，但随之而来的是日益突出的新三板股权质押风险问题。目前，除了银行可以进行股权质押外，互联网也成为新三板股权质押的主要路径，但互联网金融的风险控能能力相对银行来说要差很多，所以新三板企业股权质押融资需要提前防范风险。

新三板股权质押融资的风险

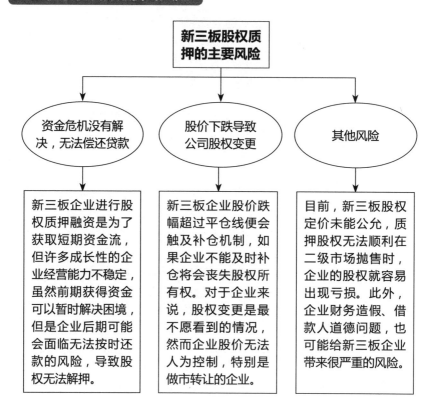

股权质押融资案例分析

目前，股权质押融资是一种非常受欢迎的融资方式，不仅中小企业与上市公司可以通过股权质押融资获得资金，而且新三板中的企业同样适用股权质押融资，本节就通过几个案例来对其进行分析。

◎ 中小企业股权质押融资分析

中小企业充分利用其股权进行质押融资，不但可以节省融资成本，还可以充分认识到其股权的价值。近年来，国家及地方法律法规的逐步完善及市场主体的积极参与，使得股权质押融资成为中小企业融资的优先选择，并迅速发展起来，下面通过一个案例来对其进行分析。

案例陈述

A 公司是一家由大学生创办的科技型企业，拥有自主研发的节能技术，属于初创型中小企业。A 公司成立 3 年后，由于业务逐渐规模化，发展也逐步走上正轨，年销售额高达 500 万元。但资金缺口成为制约该公司发展的最大瓶颈，A 公司尝试过利用很多种融资方式进行融资，但都因为是初创企业而导致融资失败，这也使得 A 公司的发展计划被搁置。

后来，A公司的创始人突然打听到可以申请股权质押融资。于是，A公司就向当地工商局提交了股权质押申请，以其公司的出质股权作为质押物，向浦发银行提出了融资申请。浦发银行详细调查了该公司的历史交易记录和资信情况后，判断A公司获得资金后能够迅速扩大企业规模。

同时，浦发银行还判断了A公司的股权有一定的价值及流通性，可以为A公司融资提供担保，于是工商部门审查后受理并核准了股权出质申请。在A公司质押了全部股权之后，获得了200万元的流动资金融资。拿到这笔款项之后，A公司扩大优势项目的经营。第二年，A公司的销售额增长了3倍。

由此可以看出，融资难是中小企业面临的最突出的不利因素之一。而许多工商部门密切关注中小企业严峻的生存态势，立足自身职能，积极探索帮助企业拓宽融资渠道的有效举措。在大力推动企业通过动产抵押登记获得担保贷款的同时，也在推进股权质押融资，主要是鼓励中小企业的股东将持有的公司股权作担保向银行申请贷款。而股权出质登记提高了股权质押的公示效力，相对降低了贷款风险，对改善民营企业的融资条件提供了帮助。

◎ 上市公司股权质押融资分析

目前，上市公司进行股权质押融资是一种很常见的融资方式，不过在融资的过程中会涉及产权交易所，因为产权交易所除了为企业提供股权托管服务外，还开展了股权质押融资业务，为企业提供了新的融资渠道，使企业可以更加快速地获得企业发展资金，下面通过一个案例来对其进行分析。

案例陈述

A 公司在上市之前是一家注册资金 1 200 万元，以生产化肥为主的化工公司，其有两名创始股东，分别是李先生和陈先生，他们每人提供的注册资金分别为 900 万元和 300 万元，因此所占股份分别为 75% 和 25%。

随着 A 公司的上市，需要扩大公司生产规模，计划对外进行融资，但因为没有合适的高附加值实物资产可用来向金融机构作实物抵押，所以一直没有实施融资计划。

几年过后，A 公司通过谈判与协商，促使当地某产权交易所与某创业投资有限公司合作，以 A 公司创始股东李先生和陈先生共 90% 的股权作为质押，成功为企业融资 800 万元。

不过，在股权质押融资成功后的几个月，A 公司主要股东的股权发生变动，需要及时转换股东和法人代表。于是，产权交易所配合 A 公司完成前期股权解除冻结。当 A 公司完成股权调整之后，产权交易所又帮忙为其重新办理了股权质押。

由此可以看出，在上市公司股权质押中，产权交易所不仅可以为其提供股权质押融资服务，还能促进股权的流动性，帮助上市公司合理规避风险。

◎ 新三板企业股权质押融资分析

虽说股权质押融资并不是什么"新鲜事"，但此前该项业务还不对新三板企业开放。目前，新三板企业已经可以通过股权质押融资来获取资金，下面通过一个案例来对其进行分析。

案例陈述

中山××精密技术股份有限公司，是中山市最大的集设计与制造为一体的五金加工厂之一，2015年1月在全国股份转让系统挂牌。公司为了自身的发展需要，计划于2015年进行技术改造及厂房建设以扩大规模，由此产生了一定的资金需求。

但是，公司能提供的抵押物较少，通过传统银行授信方式较难获得银行授信。因此，中国银行中山分行为中山××精密技术股份有限公司提供创新担保方式，通过股权质押为其提供技术改造、厂房建设的资金，解决企业资金问题，协助其扩大经营规模。

在本次股权质押融资中，中山××精密技术股份有限公司获得资金1200万元，质押股权600万股。其实，中国银行中山分行新三板股权质押属于"中银科技通宝"系列产品中的"挂板贷"子产品，主要针对新三板挂牌企业，以股权质押作为主要或者组合担保方式提供授信支持。新三板的股票质押融资类似于主板市场的股票质押式回购，相对于主板，新三板企业股权质押融资的股票流动性较弱，不过中山分行看重的是新三板企业的成长性。

由此可以看出，新三板股权质押作为担保方式的创新，具有较强的灵活性，可作为独立担保方式，也可与其他如房产抵押、保证等担保方式灵活组合。同时，对于实际经营发展、成长价值与成长性较好的新三板企业来说，其股权质押融资条件也相对宽松，授信额度也比其他融资方式高。

第8章

权利转让等价交换——股权出让融资

在股权融资的几大方式中，股权出让融资是一种比较简单的融资方式，但是"伤害性"也较大。如果企业没有把握好股权出让的比例，就很容易让投资人获得较大比例的股权，进而使自己失去企业的绝对控制权。

股权出让融资概述

股权出让融资是指企业股东出让企业部分股权，以筹集企业所需要的资金。企业进行股权出让融资，实际上是吸引直接投资、引入新的合作者的过程，但这将对企业的发展目标、经营管理方式产生重大的影响，如吸引大型企业的投资，可能会涉及被大企业收购、兼并。

◎ 企业股权出让融资的形式

企业通过股权出让融资方式吸引大企业投资，不仅可以解决自身的资金难题，还有利于企业提高内部管理水平、扩大市场等目标的实现。其中，股权出让的方式有多种，如按股权出让价格划分、以出让企业股权比例划分等。

按股权出让价格划分

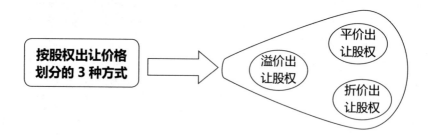

按股权出让价格划分的 3 种方式 → 溢价出让股权 / 平价出让股权 / 折价出让股权

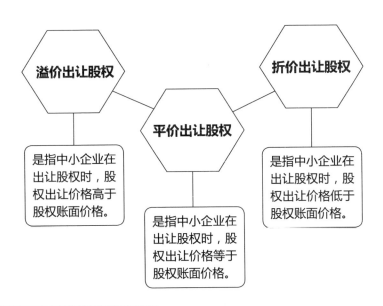

从出让企业股权比例划分

出让企业全部股权
是指投资人购买中小企业的股权，公司股东全部变更，新股东接受公司资产，承担债务。企业的创始人获得现金，出让公司的经营管理权，但可以继续留在企业从事技术开发、生产管理和产品销售工作。

出让企业大部分股权
是指投资者购买了中小企业大部分股权，企业创始人股东获得大量现金，并将与新股东共同承担老企业的债权、债务，分享企业的收益。此时，企业的总股本虽未产生变化，但股东结构和权利已发生重大变化。

出让企业少部分股权
是指投资者购买企业少部分股权，企业创始人股东获得少量现金，新老股东结构和权利进行调整。企业的管理权可能不产生重大变化，新股东只部分参与企业的管理，创业者能够继续控制公司，领导企业的技术开发和经营管理。

◎ 股权出让融资的对象有哪些

企业进行股权出让融资，是引入新的合作者、吸引直接投资的过程。因此，股权出让对象的选择必须十分慎重而周密，否则企业容易失去控制权而处于被动局面。

股权出让对象的种类和选择

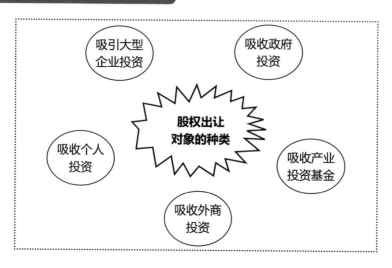

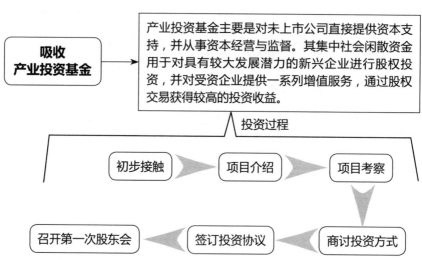

吸引大型企业投资

大企业投资中小企业的方式是收购、兼并、战略联盟、联营和合作等方式，包括全面收购公司股权、部分收购企业股权并控股、部分收购股权不控股多种形式。企业不仅能解决资金问题，还能借助大企业的力量提高中小企业的开发、生产和销售能力。

吸收政府投资

企业在创业发展初期，争取到政府拨款或投资是一种最佳融资方式，因为无论是政府拨款还是投资，其目的都是扶持企业的发展，如由国务院批准、科技部操作的"中小企业创新基金"。

申请中小企业创新基金需要满足的条件

已在所在地工商行政管理机关依法登记注册，具备企业法人资格和健全的财务管理制度，职工人数原则上不超过 500 人，大专以上学历的科技人员占职工总数的比例不低于 30%。

符合国家产业技术政策，有较高的创新水平和市场竞争力，有较好的潜在经济效益和社会效益，有望形成新型产业的高新技术成果转化的项目。

主要从事高新技术产品研制开发生产服务，企业负责人具有较强的创新意识、较高的市场开拓能力和经营管理水平。

高新技术产品研究开发的年经费不低于销售额的 3%，直接从事研究开发的科技人员占职工总数的 10% 以上，不支持已上市、资产负债率超过 70%、中方股权不足 51% 的企业。

吸收个人投资

个人投资是指企业内部职工和城乡居民以个人合法财产投入企业，这种情况下形成的资本金为个人资本金。随着国内城乡居民收入的不断增长，个人资金的数量已十分可观，可作为企业筹集资金的重要来源。

吸收外商投资

外商投资指外国的公司、企业、其他经济组织或个人依照中华人民共和国法律的规定，在中国境内进行直接投资。目前，吸收外商投资日渐成为企业筹集资金的重要方式。

◎ 股权出让融资应提交的材料

在进行股权出让融资前，需要股权出让方和标的企业准备相关的材料，这样才能使融资顺利进行。

股权出让方需提供的资料

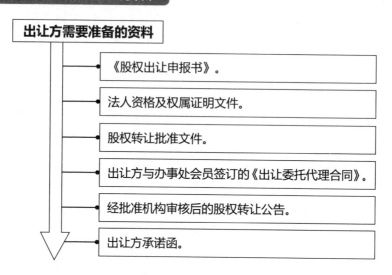

标的企业需提供的资料

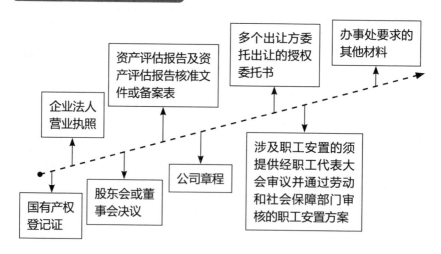

关于股权出让融资，创业者必须知道的几件事

企业创始人在进行股权融资的过程中，对股权稀释的问题不是特别清楚，常常想要通过股权出让获得资金，又不想股权被稀释，进而失去对企业的控制权，本节就来详细介绍股权稀释涉及的一些情况。

◎ 企业股权出让不等于股东股权出让

投资人增资入股将会同比减少所有股东原有的股权比例，这是增资入股融资导致的股权稀释。增资与创始股东转让股权不同，此时可以简单理解为股东套现，股权出让的收益归属于股东而不是公司。如果出让股东又将出让收益投入公司，此时就与股权出让融资效果类似。

企业股权出让与股东股权出让的区别

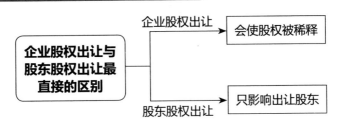

下面就通过一个案例来分析企业股权出让融资与股东股权出让融资的具体情况，最后看看股权是如何被稀释的。

案例陈述

某股份公司想要扩大公司运营规模，但是流动资金不充裕，于是通过天使轮融资 200 万元，出让公司 10% 股权。那么，公司原股东的股权都要等比稀释为 100%−10%=90%，如果公司有两位创始股东，分别持有 60% 和 40% 的股权，那么在融资后就会变成 60%×90%=54% 和 40%×90%=36%，剩余 10% 的股权为投资人所有，如表 8-1 所示。

表 8-1　融资前后股权比例分配

公司股东	融资前所占股份比例（%）	融资后所占股权比例（%）
创始股东 A	60	54
创始股东 B	40	36
投资人	0	10
合计	100	100

然后需要对公司的注册资本进行计算，如果公司原来的注册资本为 50 万元，创始股东 A 和 B 分别占有 30 万元和 20 万元。那么，融资后的注册资本如何计算呢？假设融资后的注册资本为 P，其计算方法为：P=30+20+P×10%，最后计算出 P=55.56 万元。在原股东注册资本不变的情况下，分给投资人的注册资本份额为 5.56 万元，如表 8-2 所示。

表 8-2　融资前后认缴的注册资本的变化

公司股东	融资前认缴的注册资本（万元）	融资后认缴的注册资本（万元）
创始股东 A	30	30
创始股东 B	20	20

续表

公司股东	融资前认缴的注册资本（万元）	融资后认缴的注册资本（万元）
投资人	0	5.56
合计	50	55.56

如果是公司的股东进行了股权出让，那么就会出现完全不同的结果。若公司创始股东 A 出让了 10% 的股权给投资人，那么公司的股权结构就变成了 50%、40% 和 10%，如表 8-3 所示。

表 8-3　股权出让前后股权结构变化

公司股东	股权出让前所占股份比例（%）	股权出让后所占股权比例（%）
创始股东 A	60	50
创始股东 B	40	40
投资人	0	10
合计	100	100

同时，公司中股东的注册资本也会发生相应的变化，如表 8-4 所示。

表 8-4　股权出让前后认缴的注册资本变化

公司股东	融资前认缴的注册资本（万元）	融资后认缴的注册资本（万元）
创始股东 A	30	25
创始股东 B	20	20
投资人	0	5
合计	50	50

从上述案例可以看出，企业股权出让与股东股权出让的明显区别，企业股权出让融资中，创始股东的股权都被稀释。而股东股权出让融资中，未出让股权的股东其股权不受影响，同时公司也没有拿到投资人的资金，投资人的资金给股东了，因此公司的注册总资本也没有发生变化。

◎ 企业股权出让融资对股权的稀释

一般情况下，一家企业在上市之前，可能需要经历多次融资。而这些融资中可能会出现多次出让股权的情况，此时企业的股权也就会被稀释多次。

案例陈述

某有限公司开始只有两位创始股东，分别持有 60% 和 40% 的股权。后来公司进行了第一轮天使融资，主要由天使投资人出资，融资资金为 600 万元，出让公司 10% 股权。

在天使融资后，公司发展得很不错，就进入了 VC 融资中，此时需要融资 1 000 万元，出让公司 20% 股权。后期公司需要继续扩张，融资规模达到 5 000 万元，此时每轮出让 10% 股权，直到公司上市。当公司经过多轮融资后的股权结构如表 8-5 所示。

表 8-5　融资前后股权结构表

公司股东	融资前的股权比例（%）	天使融资后股权比例（%）	A 轮融资后股份比例（%）	B 轮融资后股份比例（%）	C 轮融资后股份比例（%）	D 轮融资后股份比例（%）
股东 A	60	54	43.2	38.88	34.99	31.49
股东 B	40	36	28.8	25.92	23.33	21
天使投资	/	10	8	7.2	6.48	5.83
A 轮投资	/	/	20	18	16.2	14.58
B 轮投资	/	/	/	10	9	8.1
C 轮投资	/	/	/	/	10	9
D 轮投资	/	/	/	/	/	10
合计	100	100	100	100	100	100

从表 8-5 中的内容可以给创始人启示，企业创始人在进行天使轮融资时，不要出让过多的股份，这样会使企业的股权被稀释得较快，进而使企业创始人丧失企业的绝对控制权。若天使轮融资时出让 20% 股权，其股权结构变化如表 8-6 所示。

表 8-6   融资前后股权结构表

公司股东	融资前的股权比例（%）	天使融资后股权比例（%）	A 轮融资后股份比例（%）	B 轮融资后股份比例（%）	C 轮融资后股份比例（%）	D 轮融资后股份比例（%）
股东 A	60	48	38.4	34.56	31.1	27.99
股东 B	40	32	25.6	23.04	20.74	18.67
天使投资	/	20	16	14.4	12.96	11.66
A 轮投资	/	/	20	18	16.2	14.58
B 轮投资	/	/	/	10	9	8.1
C 轮投资	/	/	/	/	10	9
D 轮投资	/	/	/	/	/	10
合 计	100	100	100	100	100	100

从上面的案例中可以看出，该案例完全没有考虑员工激励机制和后续股权投资等需求。如果后期进行了 10% ～ 20% 的股权激励机制和 5% ～ 10% 的投资股权等，那么企业在创业初期将会让出太多股权，使股权被稀释得非常严重。

小贴士

对于创业者来说，在进行融资时不仅需要知道股权稀释的概念，还要弄清楚股权反稀释。股权反稀释是指公司在进行后续融资的过程中，为避免因公司估值降低给前一轮投资人造成股份贬值，以及股份被过分稀释等问题而采取的保护措施。

股权出让融资的注意事项

通过股权出让融资方式，可以利用股东身份和股权作为诱饵，虽然能快速吸引投资人，获得创业资金。但是要出让一定比例的股权，引进其他股东，创始人如果没有合理分配股权，就容易丧失控股地位，进而非常容易失去对公司的控制权。所以创始人在进行股权出让融资前，需要对其相关的注意事项有所了解。

◎ 股权出让融资对企业的影响

企业在选择股权出让对象时一定要慎重，如果出让对象与自己在企业发展问题上不一致，引入资金容易改变企业的发展方向。同时，股权出让融资还会对企业后续的发展产生重大影响。

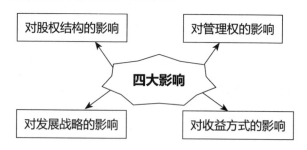

| 对股权结构的影响 | 企业出让股权后，原股东的股权被稀释，甚至丧失控股地位或完全丧失股权。 |

| 对管理权的影响 | 随着股权结构的变化，企业的管理权也会相应地发生变化，而管理权将归股权出让后的控股股东所有。 |

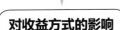

| 对发展战略的影响 | 在企业管理权发生变化的情况下，新管理者很可能有不同的发展战略。新管理者从自身利益出发，可能会完全改变创业者的初衷和设想。 |

| 对收益方式的影响 | 投资人往往希望自己可以在短期内看到投资的回报，所以可能不像创业者那么注重企业长远的发展前景，因而会改变企业的发展战略以实现短期内的收益。 |

◎ 为了融资，企业应该如何出让股权

企业在创立初期，往往比较缺乏资金。此时，许多创业团队或企业为了在竞争激烈的市场中存活下去，就会选择以低价出让股权给天使投资人的形式获得资金。不过，有的企业创始人为了掌握企业的实际控制权，可能会在后期收回一些股权。

案例陈述

李先生是一个从小山村走出来的孩子，现在已经在浙江拥有一个小公司，公司员工有10人。李先生创业的第一年获得了非常不错的收益，但由于缺乏资金管理经验，所以并没有积累下多少固定资金。在创业 3

年后，公司面临着转型，需要大量资金。

此时，李先生忍受着巨大的压力，开始四处筹钱，其目的就是不想自己的好项目错失发展良机。就在李先生准备卖房筹资时，投资人陈先生准备投资他的项目。

其实，在李先生创业一年时，陈先生就曾提出过想要入股李先生的公司，但因为当时公司发展良好，并不需要进行融资，于是李先生拒绝了陈先生的投资要求。

但此时李先生急需用钱，陈先生就给他的公司估值比创业初期时的估值低，李先生没办法只能答应。结果在签约当天，陈先生又开始说一天一个价，需要李先生多出让5%的股权，也就是李先生共需要出让35%的股权，这就超过了1/3的股权比例。最终，李先生也因此失去了公司的绝对控股权。

融资成功以后，李先生在一年的时间内，将公司的团队发展到了30多人的规模，现金流也越来越多。其实，李先生是一个非常聪明的人，他最开始与陈先生谈判时，就预估到陈先生可能会乘机获得更多股权。于是，李先生就提前找律师设计对赌条款，约定一年之后，如果公司的业绩指标达到约定的要求，陈先生就必须无条件出让10%的股权给公司。

从上述案例中可以看出，企业创始人通过与投资人之间签订对赌条款，实现了自己持股比例的回升。但是，进行股权出让融资的重点不是事后弥补，而是提前进行预防。其实，创始人若在企业早期融资过高，对企业和投资人都不好。出让股权过多会有以下影响。

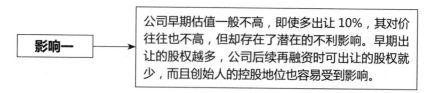

影响一 → 公司早期估值一般不高，即使多出让10%，其对价往往也不高，但却存在了潜在的不利影响。早期出让的股权越多，公司后续再融资时可出让的股权就少，而且创始人的控股地位也容易受到影响。

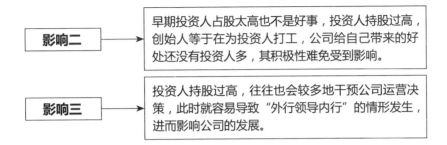

| 影响二 | → | 早期投资人占股太高也不是好事，投资人持股过高，创始人等于在为投资人打工，公司给自己带来的好处还没有投资人多，其积极性难免受到影响。 |

| 影响三 | → | 投资人持股过高，往往也会较多地干预公司运营决策，此时就容易导致"外行领导内行"的情形发生，进而影响公司的发展。 |

◎ 不到万不得已，不要出让股权

创业者在看财经新闻或浏览创业网站时，可能会看到许多企业通过股权出让融资方式成功获得创业资金的案例，创业者也希望自己可以大展拳脚，获得投资人的投资。但是，进行股权出让融资不能盲目进行，需要做好相应的准备才行。

进行股权出让融资前的准备

是否真的需要投资　首先确定自己是否真的需要别人的投资，以及是否真的想要别人参与到自己的创业之路中。因为接受投资人的投资，就意味着将失去一部分对企业的控制权和潜在利润。

尽量保留股权　在出让企业股权之前，需要了解所有类型的融资渠道。虽然看上去转让股权代价更低，因为没有利息，但是这些股权可能转让之后就开始属于投资人了。

先获得市场的欢迎　如果企业已经拥有产品，则应该向投资人展示市场对这个产品的认可和欢迎。市场的欢迎可以体现在很多的方面，如付费消费者、媒体报道和大量的受众等。因为在投资人眼中，如果企业的产品能够受到市场的欢迎，那么就有可能为他们带来丰厚的投资回报。

测试产品	在概念验证阶段，需要找一些目标客户，对产品进行测试。这样做能够向投资人证明市场对自己的产品有需求，企业产品在上市之后将会很快的适应市场。
讨论需求	一定要非常清楚地告诉投资人，企业正在研发的产品能够满足人们真正的需要。多数创业者在见到投资人之后，就会立刻讲解他们的创意、技术，或是打入市场的计划，但是会忘记告诉投资人产品能够解决什么问题。
控制风险	企业在进行每一次新的尝试之前，都需要计划动用多少流动资金。许多创业者在进行尝试时，只会拿出 3% ~ 5% 的流动资金，这样即使尝试失败，损失也不会很大。
有备而来	在融资之前，需要做好一切准备，准备好投资人可能提出的每个问题的答案。这样做会让投资人觉得你已经做好了所有的功课，会对投资更加有信心。
研究同行	企业需要对同行的竞争对手进行研究与分析，并知道他们的优势和劣势，知道他们的核心什么。当事情没有按照预期的方向发展时，企业要随时做好相应的调整。

◎ 股权出让融资过程中的注意事项

简单理解，股权出让就是公司或公司股东将自己的股东权益转让给他人的行为。在股权出让的过程中，并不是签订了股权出让协议书（合同）就完成了融资。所以，企业在进行股权出让融资时还需要注意一些事项。

进行股权出让融资需要注意什么

股权出让合同生效不同于股权出让生效

股权出让合同生效是指出让方与受让方的合同约定对双方产生法律约束力，如果没有特殊的约定，股权出让合同自出让方与受让方签字盖章后生效。股权出让生效是指股权何时发生实际转移的问题，也就是受让方何时取得股东身份的问题，即从工商行政部门登记备案时起生效。

股权出让合同生效只是确定了交易双方的权利和义务

股权的实际出让就是股权的交付，合同生效后，出让方可能依约履行，将股权交付受让方，也可能一方或双方违反合同而拒不交付股权、资金等，这就是股权出让合同生效而未实际履行的状态。

股权转让合同的履行，出让方需要向受让方移交股权

出让方与受让方权利的交接点，是从该股权交付行为完成之时起。公司股东名册变更登记前，受让股份的新股东对其股权的处分权受到一定的限制，新股东对外宣称其为公司股东，应以公司向其换发的股票或出资证明或者股东名册的登记为其证据。而受让方的主要义务，则是按照约定向出让方支付转让款。

股权交付包括股权权属变更和股权权能转移

有限公司的出资证明书及股份有限公司的股票都是股东权属证明形式，这是股权转让合同生效并得到履行的一个记载。权属变更的价值在于法律对股权的认定和法律风险的防范，权能转移的价值则在于股东投资的财产利益和其他权益的实际行使。

受让方在交易时可能不履行支付股权转让对价的义务

为了防范受让方不履行支付股权转让对价的风险，股权出让合同应明确约定相应处罚。同时，出让方也可要求受让方做出保证或提供担保。

股权出让融资如何交税

股权是持有人的福利财产，可以根据实际情况在市场中进行出让交易，
股权出让会使他人成为公司的合法股东。那么，股权出让融资应该如何
交税呢？下面就来看看。

◎ 股权出让融资需要缴纳哪些税费

股权出让融资的税务处理已经成为股权交易双方关注的重点，其
中需要缴纳的税费是需要企业弄清楚的。

股权出让中涉及的税收

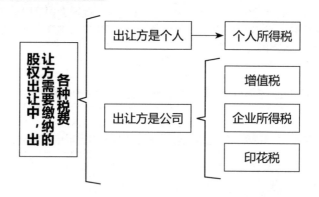

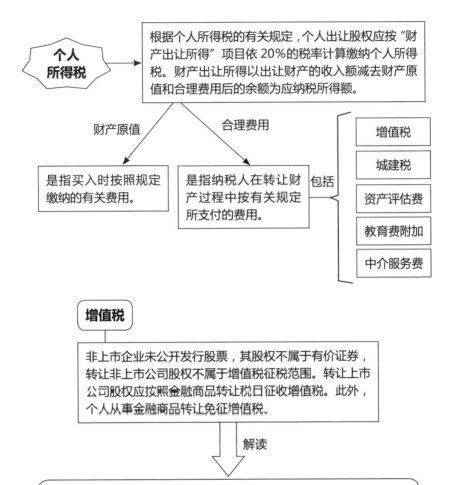

小贴士

在计算缴纳的税款时，必须提供有关合法凭证，对未能提供完整、准确的财产原值合法凭证而不能正确计算财产原值的，主管税务机关可根据当地实际情况核定其财产原值。

企业所得税

企业进行股权出让融资时，要按照《国家税务总局关于企业股权投资业务若干所得税问题的通知》有关规定执行。股权出让人应该分享的被投资方累计未分配利润或累计盈余公积金，应确认为股权转让所得，不得确认为股息性质的所得。

企业进行清算或转让全资子公司及持股 95% 以上时，要按照《国家税务总局关于印发〈企业改组改制中若干所得税业务问题的暂行规定〉的通知》有关规定执行。投资方应该分享的累计未分配利润和盈余公积，应确认为股息性质的所得。

按照《国家税务总局关于执行〈企业会计制度〉需要明确的有关所得税问题的通知》第三条规定，企业已提取减值、跌价或坏账准备的资产,若有关准备在申报纳税时已调增应纳税所得，出让处置有关资产应允许做相反的纳税调整。

企业股权投资转让所得或损失是指企业因收回、转让或清算处置股权投资的收入减除股权投资成本后的余额。企业股权投资转让所得应并入企业的应纳税所得，依法缴纳企业所得税。

企业因收回、转让或清算处置股权投资而发生的股权投资损失，可以在税前扣除，但每一纳税年度扣除的股权投资损失，不得超过当年实现的股权投资收益和投资转让所得，超过部分可无限期向以后纳税年度结转扣除。

印花税

两种情况

在上海、深圳证券交易所交易或托管的企业发生股权出让，对转让行为应按证券（股票）交易印花税 3‰的税率征收证券（股票）交易印花税。

不在上海、深圳证券交易所交易或托管的企业，发生的股权出让应按《国家税务总局关于印花税若干具体问题的解释和规定的通知》的规定执行，由立据双方依据协议价格的 0.5‰的税率计征印花税。

◎ 内部出让股权如何缴纳税费

企业股权出让融资的投资人除了是外部人员，还有可能是企业的内部股东或员工。如果是企业内部股权出让融资，其税费的缴纳则与前面讲解的有所不同。

内部出让股权涉及的税收

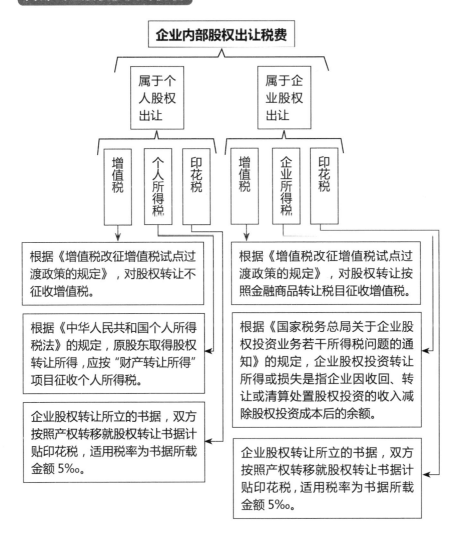

股权出让融资案例分析

在市场经济环境下，企业股权出让融资行为日趋频繁。在股权出让融资交易中，上市公司通过公开的证券市场进行的股权交易，其资金流向及交易各方相对透明，易于监控。而非上市公司的股权交易行为则比较隐蔽，投融资人很难对其进行把握，容易产生较大的融资风险。下面通过一些股权出让融资的案例，来对股权出让融资进行深入介绍。

◎ 一米鲜出让 15% 股权，成功获得融资

一米鲜是国内领先的生鲜 O2O 品牌，提供优质鲜果、干果小食、果切果汁和进口食品等鲜食产品，以优质的产品和服务打造新鲜时尚的生活方式。其致力于让所有人都能吃到新鲜水果，搭建从产地到消费者之间的直供平台，更突破传统生鲜电商的 B2C 模式，首创"以销定采"的 C2B+O2O 模式。

案例陈述

一米鲜成立于 2014 年 11 月，隶属于聚鲜（北京）科技有限公司，是国内生鲜 O2O 垂直领域的创业企业。自正式成立以来，一米鲜的业

务已经覆盖北京、天津、上海、南京、武汉、杭州、深圳等 11 座城市。主营水果业务，通过压缩水果产业链中间环节，打通端到端的信息流、现金流和商品流，首创"以销定采 C2B+O2O 及时送"模式。

根据相关数据统计，一米鲜女性用户占比达 83%。在采购环节，一米鲜的渠道占比分别是 30% 来自产地直采，50% 来自知名品牌的主力供应商，剩下 20% 来自一级批发商。一米鲜目前在北京、上海、深圳与广州之间、武汉设置有 4 个一级大仓，面积在 5 000 ~ 10 000 平方米。在每个城市设置有二级仓，也称为前置仓，温度在 10 ~ 15℃。

2015 年 11 月 27 日，一米鲜为了扩大发展，进行了股权出让融资，投资人是北京昆仑万维科技股份有限公司旗下的子公司昆仑集团，该集团使用自有资金向一米鲜投资 1 500 万美元，以取得一米鲜增资完成后 15% 的股权。同时，昆仑集团享有一米鲜股东权利，可提名一位董事。

从上面的案例中可以看出，昆仑集团之所以会投资一米鲜，不仅仅是因为可以获得 15% 的股权，还因为一米鲜具有良好的管理制度和发展前景。

一米鲜具有哪些发展优势

从高校逐渐渗透到商圈和社区

一米鲜最早的市场是高校，这主要是因为高校的试点成本较低。同时，一米鲜的联合创始人刚刚大学毕业，对学校有一定的了解且具有资源。但后期为了更好地发展，一米鲜开始转战于商圈和社区。

完成从 B2C 向 C2B 的转型升级

未来生鲜 O2O 市场的走向将会往 C2B 方向发展，而 C2B 模式的兴起正是由市场导向决定的。

移动互联网时代，消费者对于互联网线上消费有了更多的信任感。

消费者对于线上购买生鲜水果有了更多的认知。

线上支付、线上交易可以无缝对接。

C2B 模式对于生鲜水果等高损耗、难保存的商品有着巨大的价值。

为什么 C2B 模式会兴盛起来

做好多重组合营销与配送

目前，一米鲜在物流配送方面采取"线下自提 + 自营配送 + 第三方配送"的组合方式。由于在高校、商圈和社区存在不同的客户群体，而且他们的配送方式也不同，所以一米鲜后期不仅会坚持自己的线下自提配送，还会加强自建物流团队。

◎ 出让 55% 股权，顺驰地产获融资

顺驰中国控股有限公司成立于 1994 年，是目前中国规模最大的全国性房地产企业集团之一，主要从事房地产开发、不动产和物业管理，具有国家建设部一级资质。

案例陈述

自 2003 年年底实施全国化战略以来,顺驰在 16 个城市拥有 42 个项目,土地储备 700 多万平方米。但与此同时,顺驰在应交地价款、应付银行贷款和施工款等方面,有 10 亿元左右的缺口。其中,主要欠款项目是北京的领海项目和苏州两个项目。

那时,土地是顺驰最大的价值。但如果没有新的资金注入,土地价值就无从实现,这也是顺驰一直寻求外部资金支持的主要原因。2006 年 9 月 5 日,顺驰中国与香港路劲基建有限公司在港正式签约,出让 55% 的股权,引资人民币 12.8 亿元。

在此时出让股权融资过程中,顺驰集团董事长仍然保留 40% 的股份,但失去了大股东地位,不过他也借此保全了顺驰——从公司名号到管理团队,所有开发业务和土地储备,再到未来的发展潜力。这样一来,出让股权融资 12.8 亿元基本上把顺驰的资金缺口都补上了,使得项目可以持续,700 多万平方米储备土地都落袋为安。

按照顺驰集团发言人的说法,与路劲合作不仅仅是考虑修复顺驰的资金缺口,而是着眼于今后的可持续发展。携手路劲后,作为香港上市公司的子公司,顺驰的融资渠道借势打通,土地储备及滚动开发所需的大笔资金也就不成问题。

对于顺驰中国此次的融资行为,社会各界褒贬不一。一些人还认为卖得太便宜了,因为当时的 12.8 亿元未必能拿到一块地,却令路劲基建"轻而易举"地得到整个顺驰中国 55% 的控股权。

但顺驰集团董事长却认为没有吃大亏,他一再强调,不必太关注交易价格和双方的持股比例,应该用长远眼光来看待这两个企业的合作。言下之意,就当前顺驰的内外环境而言,引资合作是最好的出路,尤其是找到了路劲基建这样的互补型企业。

从上面的案例中可以看出，顺驰利用宏观调控进行高速扩张，然后进行股权出让融资，给自己带来了一种"双刃剑"的效果。

顺驰集团出让大量股权的融资效果

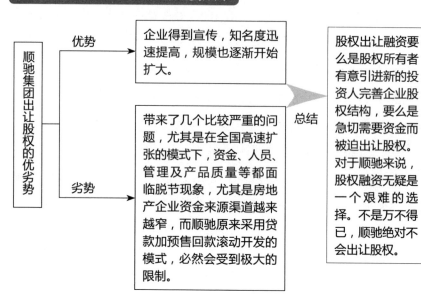

顺驰集团出让股权的优劣势

优势 ——> 企业得到宣传，知名度迅速提高，规模也逐渐开始扩大。

劣势 ——> 带来了几个比较严重的问题，尤其是在全国高速扩张的模式下，资金、人员、管理及产品质量等都面临脱节现象，尤其是房地产企业资金来源渠道越来越窄，而顺驰原来采用贷款加预售回款滚动开发的模式，必然会受到极大的限制。

总结 股权出让融资要么是股权所有者有意引进新的投资人完善企业股权结构，要么是急切需要资金而被迫出让股权。对于顺驰来说，股权融资无疑是一个艰难的选择。不是万不得已，顺驰绝对不会出让股权。

第 9 章

扩大股本增强实力——增资扩股融资

企业增资扩股融资与股权出让融资具有一些相似之处，增资扩股融资是指企业可以根据实际发展需要，扩大股本融得所需要的资金。企业增资扩股融资对扩大企业经营规模，壮大企业实力具有重要的作用，所具有的财务风险也较小。

增资扩股融资概述和优缺点分析

增资扩股融资是指企业通过面向社会募集股份、发行股票、新股东投资入股或原股东增加投资扩大股权，从而达到企业融资的目的。企业融资主要分为股权融资和债权融资两大类，而增资扩股融资属于股权融资的一种方式。

◎ 增资扩股融资的概念与特点

增资扩股融资是指企业通过社会募集股份、发行股票、新股东投资入股或原股东增加投资等方式扩大股本获取所需资金的一种融资方式。

增资扩股融资的特点

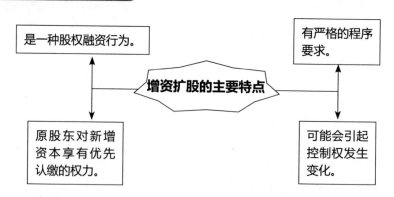

是一种股权融资行为。

有严格的程序要求。

增资扩股的主要特点

原股东对新增资本享有优先认缴的权力。

可能会引起控制权发生变化。

是一种股权融资行为	→	增资扩股不仅增加公司的注册资本，而且增加公司的股东人数，公司通过增资扩股方式融入资金，既可以保障公司对资本的需要，又不会给公司经营带来较大的财务负担；而投资人通过投资入股，加入公司成为公司的新股东。因此，增资扩股既是资金结合行为，又是包含人的结合的公司组织行为。
原股东对新增资本享有优先认缴权	→	确立原股东优先认缴的权利，一方面有利于维护有限公司的人合性；另一方面有利于维护原股东的利益。在增资扩股时，需要对增加份额进行定价，若定价过低，新股东将分享公司未发行新股前所积累的盈余，稀释原股东的权益。优先权是保护股东权利不被稀释的一种快捷的自动手段，因此，为了保护原股东的利益，需要赋予原股东按照出资比例优先认购的权利，使原股东享有相应的盈余。
严格的程序要求	→	增资扩股决议必须要经过公司股东会 2/3 以上表决权的通过。
引起控制权的变化	→	新股东的加入会引起公司股权结构的变化，对公司既有的权力格局产生影响，甚至引起公司控制权的变化。投资人可以分为战略投资人和财务投资人。战略投资人以取得公司的控制权为目的，财务投资人虽然以追求投资利润为目的，但是也可能在无意之中影响公司的控制权。

小贴士

虽然增资扩股融资资本金的报酬支付方式较灵活，但投资人会想要分享收益。特别是企业经营状况好，盈利较多时更是如此。一般情况下，采用增资扩股方式筹集资金，投资人会要求获得与投资数量相适应的经营管理权，这也是接受外来投资的代价之一。

◎ 增资扩股融资的目的

企业在发展壮大的过程中，往往需要经历多次增资扩股融资。在竞争激烈的市场中，增资扩股融资对于一家企业的意义是不言而喻的，其目的也是其意义之所在。

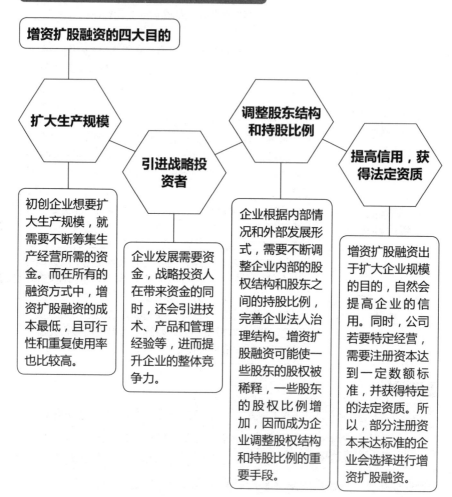

增资扩股融资的目的表现在哪些方面

增资扩股融资的四大目的

扩大生产规模

引进战略投资者

调整股东结构和持股比例

提高信用，获得法定资质

初创企业想要扩大生产规模，就需要不断筹集生产经营所需的资金。而在所有的融资方式中，增资扩股融资的成本最低，且可行性和重复使用率也比较高。

企业发展需要资金，战略投资人在带来资金的同时，还会引进技术、产品和管理经验等，进而提升企业的整体竞争力。

企业根据内部情况和外部发展形式，需要不断调整企业内部的股权结构和股东之间的持股比例，完善企业法人治理结构。增资扩股融资可能使一些股东的股权被稀释，一些股东的股权比例增加，因而成为企业调整股权结构和持股比例的重要手段。

增资扩股融资出于扩大企业规模的目的，自然会提高企业的信用。同时，公司若要特定经营，需要注册资本达到一定数额标准，并获得特定的法定资质。所以，部分注册资本未达标准的企业会选择进行增资扩股融资。

◎ 增资扩股融资的优缺点

在我国，几乎所有的中小企业都是未上市企业，这部分企业急需资金扩大规模，而增资扩股融资就能满足该要求。不过，企业在增资扩股融资时，必须对其相关的优点和缺点进行全面考虑，并结合企业自身的综合特点，最终确定具体的融资方式。

增资扩股融资的优点

增资扩股融资的三大优点

增资扩股利用直接投资所筹集的资金属于自有资本，与借入资金比较，更能提高企业的资信和借款能力，对扩大经营规模、壮大实力具有重要作用。

增值扩股融资吸收的直接投资不仅可以是现金，还能是经营所需的先进技术和设备，与单单筹集现金相比，更加容易提高生产经营能力。

企业根据自身的经营状况向投资人分享收益，企业经营状况越良好，向投资人分享的收益就更多；企业经营状况较差，可以自行调整收益分享情况。

增资扩股融资的缺点

增资扩股融资的两大缺点

缺点一：增资扩股融资吸收直接投资支付资金时，其成本相对于其他融资方式来说，要高出许多。

缺点二：增资扩股融资很容易分散股权，甚至在股权分散比较严重的情况下会使企业创始人因此丧失控股权。

上市公司的增资扩股融资

上市公司的增资扩股融资是指上市公司向社会公开发行新股，包括向原股东配售股票和向全体社会公众发售股票。其中，向原股东配售股票被称为配股，而向全体社会公众发售股票被称为增发。

◎ 上市公司发售新股的基本条件

根据《中华人民共和国证券法》第十三条和《中华人民共和国公司法》的有关规定，上市公司公开发行新股，必须具备相应的条件。

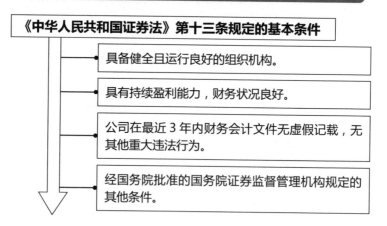

《中华人民共和国证券法》第十三条规定需要满足的条件

《中华人民共和国证券法》第十三条规定的基本条件

- 具备健全且运行良好的组织机构。
- 具有持续盈利能力，财务状况良好。
- 公司在最近3年内财务会计文件无虚假记载，无其他重大违法行为。
- 经国务院批准的国务院证券监督管理机构规定的其他条件。

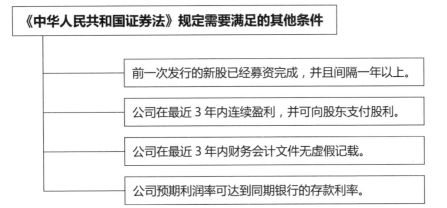

《中华人民共和国证券法》规定需要满足的其他条件

- 前一次发行的新股已经募资完成，并且间隔一年以上。
- 公司在最近 3 年内连续盈利，并可向股东支付股利。
- 公司在最近 3 年内财务会计文件无虚假记载。
- 公司预期利润率可达到同期银行的存款利率。

◎ 上市公司发售新股的规定

根据中国证监会 2006 年 5 月 6 日发布的《上市公司证券发行管理办法》，上市公司申请发行新股，需要符合相关的规定。

一般规定

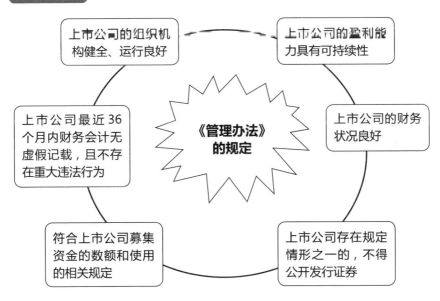

- 上市公司的组织机构健全、运行良好
- 上市公司的盈利能力具有可持续性
- 上市公司最近 36 个月内财务会计无虚假记载，且不存在重大违法行为
- 上市公司的财务状况良好
- 《管理办法》的规定
- 符合上市公司募集资金的数额和使用的相关规定
- 上市公司存在规定情形之一的，不得公开发行证券

上市公司的组织机构健全、运行良好，需要符合的规定

公司内部控制制度健全，能够有效保证公司运行的效率、合法合规性和财务报告的可靠性；内部控制制度的完整性、合理性、有效性不存在重大缺陷。

上市公司与控股股东或实际控制人的人员、资产、财务分开，机构、业务独立，能够自主经营管理。

最近12个月内不存在违规对外提供担保的行为。

现任董事、监事和高级管理人员具备任职资格，能够忠实和勤勉地履行职务，不存在违反《中华人民共和国公司法》第一百四十八条、第一百四十九条规定的行为，且最近36个月内未受到过中国证监会的行政处罚、最近12个月内未受到过证券交易所的公开谴责。

公司章程合法有效，股东大会、董事会、监事会和独立董事制度健全，能够依法有效履行职责。

上市公司的财务状况良好，需要符合相关规定

会计基础工作规范，严格遵循国家统一会计制度的规定。

最近3年财务报表未被注册会计师出具保留意见、否定意见或无法表示意见的审计报告；被注册会计师出具带强调事项段的无保留意见审计报告的，所涉及的事项对发行人无重大不利影响或者在发行前重大不利影响已经消除。

资产质量良好，不良资产不足以对公司财务状况造成重大不利影响。

经营成果真实，现金流量正常，营业收入和成本费用的确认严格遵循国家有关企业会计准则的规定，最近3年资产减值准备计提充分合理，没有操纵经营业绩的情形。

最近3年以现金方式累计分配的利润不少于最近3年实现的年均可分配利润的30%。

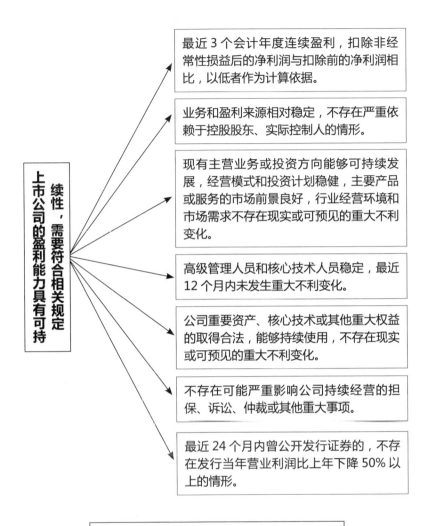

上市公司的盈利能力具有可持续性，需要符合相关规定

- 最近 3 个会计年度连续盈利，扣除非经常性损益后的净利润与扣除前的净利润相比，以低者作为计算依据。
- 业务和盈利来源相对稳定，不存在严重依赖于控股股东、实际控制人的情形。
- 现有主营业务或投资方向能够可持续发展，经营模式和投资计划稳健，主要产品或服务的市场前景良好，行业经营环境和市场需求不存在现实或可预见的重大不利变化。
- 高级管理人员和核心技术人员稳定，最近 12 个月内未发生重大不利变化。
- 公司重要资产、核心技术或其他重大权益的取得合法，能够持续使用，不存在现实或可预见的重大不利变化。
- 不存在可能严重影响公司持续经营的担保、诉讼、仲裁或其他重大事项。
- 最近 24 个月内曾公开发行证券的，不存在发行当年营业利润比上年下降 50% 以上的情形。

上市公司最近 36 个月内财务会计文件无虚假记载，且不存在重大违法行为

违法行为的内容

1. 违反证券法律、行政法规或规章，受到中国证监会的行政处罚，或者受到刑事处罚；
2. 违反工商、税收、土地、环保、海关法律、行政法规或规章，受到行政处罚且情节严重，或者受到刑事处罚；
3. 违反国家其他法律、行政法规且情节严重的行为。

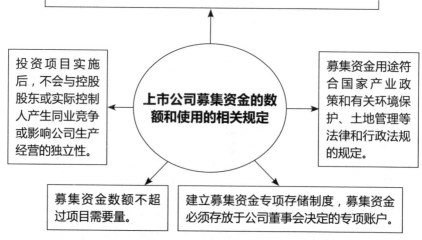

除金融类企业外，本次募集资金使用项目不得为持有交易性金融资产和可供出售的金融资产、借予他人、委托理财等财务性投资，不得直接或间接投资于以买卖有价证券为主要业务的公司。

投资项目实施后，不会与控股股东或实际控制人产生同业竞争或影响公司生产经营的独立性。

上市公司募集资金的数额和使用的相关规定

募集资金用途符合国家产业政策和有关环境保护、土地管理等法律和行政法规的规定。

募集资金数额不超过项目需要量。

建立募集资金专项存储制度，募集资金必须存放于公司董事会决定的专项账户。

上市公司存在下列情形之一的，不得公开发行证券

本次发行申请文件有虚假记载、误导性陈述或重大遗漏。

擅自改变前次公开发行证券募集资金的用途而未作纠正。

上市公司最近12个月内受到过证券交易所的公开谴责。

上市公司及其控股股东或实际控制人最近12个月内存在未履行向投资者做出的公开承诺的行为。

上市公司或其现任董事、高级管理人员因涉嫌犯罪被司法机关立案侦查或涉嫌违法违规被中国证监会立案调查。

严重损害投资者的合法权益和社会公共利益的其他情形。

配股的特别规定

向原股东配股，除符合上述一般规定外，还应当符合下列规定

拟配股数量不超过本次配股前股本总额的 30%。

控股股东应当在股东大会召开前公开承诺认配股份的数量。

采用《中华人民共和国证券法》规定的代销方式发行。

公开增发的特别规定

向不特定对象公开募集股份，除符合上述一般规定外，还应当符合下列规定

最近 3 个会计年度加权平均净资产收益率平均不低于 6%。扣除非经常性损益后的净利润与扣除前的净利润相比，以低者作为加权平均净资产收益率的计算依据。

除金融类企业外，最近 1 期末不存在持有金额较大的交易性金融资产和可供出售的金融资产、借予他人款项、委托理财等财务性投资的情形。

发行价格应不低于公告招股意向书前 20 个交易日公司股票均价或前一个交易日的均价。

前次募集资金投资项目的完工进度不得低于 70%。

上市公司及其附属公司违规为其实际控制人及关联人提供担保的，整改已满 12 个月。

小贴士

根据《中华人民共和国证券法》第二十条的规定，上市公司发行新股，需要遵循"上市公司对发行股票所募集资金，必须按招股说明书所列资金用途使用。改变招股说明书所列资金用途，必须经董事会批准。擅自改变用途而未做出纠正的，或者未经股东大会认可的，不得发行新股"。

◎ 上市公司新股发行的申请程序

上市公司新股发行，需要由公司董事会、股东大会做出相应决议，聘请主承销商及律师事务所、会计师事务所等中介机构参与，制作全套申请文件并提交中国证监会，在发行新股的申请获得中国证监会批准后，方可进行新股发行工作。在此过程中，上市公司还需根据工作进程进行相应的信息披露。

新股发行的具体程序

承销商进行尽职调查

担任主承销商的证券公司将对上市公司有无重大关联交易、重要财务指标是否正常、资金使用是否恰当、利润是否达标及公司经营的风险程度等重要事项予以重点关注，并制作《尽职报告》。主承销商在与董事会就新股发行方案取得一致意见后，向中国证监会推荐上市公司发行新股。

召开董事会及股东大会

召开董事会，就本次发行方案做出决议。董事会表决后，应在两个工作日内将发行议案报告证券交易所，并公告召开股东大会的通知。此后召开股东大会，就上述发行议案及对董事会办理本次发行具体事宜的授权等事项进行表决、批准。股东大会通过本次发行议案后，上市公司须在两个工作日内对外公布股东大会决议。

聘请中介机构

上市公司申请发行新股，需聘请律师事务所并由其出具法律意见书和律师工作报告；聘请会计师事务所并由其出具审计报告及对发行人内部控制的评价报告等。这些文件都将作为申请文件的必备内容向中国证监会提交。

制作招股说明书

上市公司在接到中国证监会核准发行新股的通知后，可以公告招股意向书。主承销商和上市公司根据投资者的认购意向确定发行价格后，编制招股说明书，公告发行结果。其中，注明招股说明书的放置地点及中国证监会指定的互联网网址，供投资者查阅。

协商确定新股发行的具体事项

上市公司在增发新股的申请获得中国证监会的核准后，上市公司即可与证券交易所商定上市时间及登记等具体事项。

非上市公司的增资扩股融资

增资扩股也是非上市公司常用的权益性融资方式之一，它实际上是非上市公司吸收直接投资、扩大资金来源的过程，一般由新股东或原股东通过出资认缴、投资入股和扩大股份等形式实现。

◎ 非上市公司增资扩股融资的投资方式

现在许多的非上市公司都是中小型企业，虽然不能直接在交易所发行股票，但是也可以采用增资扩股的方式进行融资。投资人可以使用现金、厂房、机器设备、材料物资及无形资产等多种方式向要融资的企业投资。

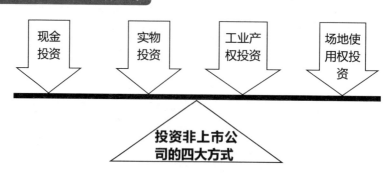

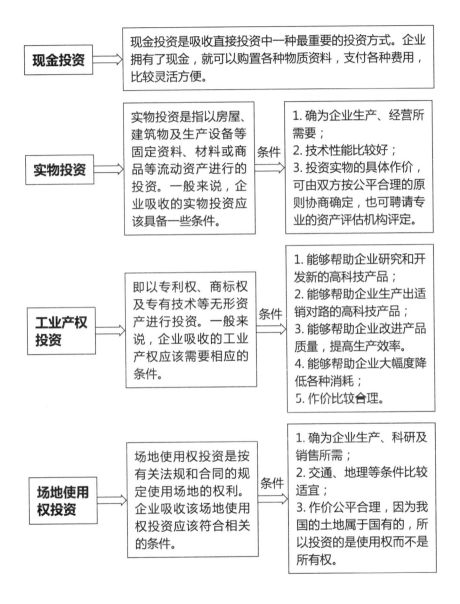

◎ 增资扩股的股权出资条件和融资程序

非上市企业采用增资扩股、吸收直接投资的方式筹措资金，必须符合一定的条件和要求。而股东大会做出增资扩股的决议，并修改相应的章程，必须经代表 2/3 以上表决权的股东通过，同时实施相关程序。

增资扩股的有关条件

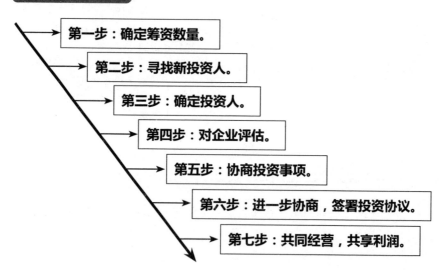

非上市企业增资扩股的三大条件

采用增资扩股、吸收直接投资方式筹措自有资金的企业，应当是非股份制企业，如国有企业、集体企业及合资企业等，股份制企业按规定以发行股票方式取得自有资金。

非上市企业通过增资扩股、吸收直接投资而取得的实物资产或无形资产，必须符合企业生产经营、科研开发的需要，在技术上能够消化利用。同时，吸收无形资产投资的应符合法定比例。

企业通过吸收直接投资取得的非现金资产，必须经过公正合理的估价。

增资扩股的程序

第一步：确定筹资数量。

第二步：寻找新投资人。

第三步：确定投资人。

第四步：对企业评估。

第五步：协商投资事项。

第六步：进一步协商，签署投资协议。

第七步：共同经营，共享利润。

确定筹资数量	合资或合营企业的增资数量由出资各方协商决定，国有企业增资数量必须由国家授权投资的机构或国家授权的部门决定。
寻找新投资人	在吸引新投资人之前，企业需要仔细考察投资人是否认可企业的发展战略及长期发展目标、企业的股权稀释及企业管理权的分散、企业的盈利方式及利润分配方式方案。
确定投资人	企业创始人还应该考虑通过融资是否能够解决企业发展中所存在的相关问题，如能否提高企业的管理水平、是否能加快企业技术的创新和产品的开发、能否扩大企业的生产能力和产品的市场份额，以及能否激励企业科技人员、稳定企业核心管理及技术人员等。
对企业评估	企业增资扩股通过了初步决议后，投资人就开始对企业进行详细的评估，评估针对市场潜力、管理层能力、财务状况、资金投向及政策法律因素等方面。同时，对投资的风险评估也是重要的内容，要对投资后存在于技术、财务及管理等方面的风险进行分析，对企业提出异议并制定相应的对策。
协商投资事项	寻找到投资单位后，双方便可进行具体的协商，以便确定合理的投资数量和出资方式。
进一步协商，签署投资协议	双方经初步协商，如果没有太大的异议，便可进一步协商并签订投资协议，这里的关键是实物投资、工业产权投资、场地使用权投资的作价问题。
共同经营，共享利润	根据出资协议中规定的出资期限和出资方式，非上市企业应该按计划或规定取得资金。非上市企业在吸收投资取得资产后，出资方有权对企业进行经营管理，这就要求各方共同经营、共享利润、共担风险。

增资扩股融资的税务处理

目前，增资扩股融资的税收情况可以分为两种，第一种是对于以大于或等于公司每股净资产公允价值的价格增资行为征收个人所得税；第二种是对于以平价增资或以低于每股净资产公允价值的价格增资行为征收个人所得税。

◎ 企业增资扩股融资的法律分析

增资扩股融资的出资方式有多种，每种方式所涉及的法律规定也不同。所以企业在进行增资扩股融资前，还要对其出资来源的相关法律进行分析。

增资扩股融资涉及的出资方式

企业增资扩股融资的资金来源

- 以公司未分配利润、公积金转增注册资本。
- 公司原股东增加出资。
- 新股东投资入股。

以公司未分配利润、公积金转增注册资本	依据《中华人民共和国公司法》第一百六十七条的规定，公司税后利润必须先弥补亏损和提取法定公积金。分配利润时经股东会决议，可将之直接转增注册资本，增加股东的出资额。
	依据《中华人民共和国公司法》第一百六十九条的规定，增加公司资本是公积金的用途之一。法定公积金转为注册资本时，所留存的该项公积金不得少于转增前注册资本的 25%。
	公司以未分配利润、公积金转增注册资本时，有限责任公司应当按照股东实缴的出资比例、股份有限公司应当按照股东持有的股份比例增加股东的注册资本。
公司原股东增加出资	依据《中华人民共和国公司法》第二十七条的规定，企业可以将货币或者其他非货币财产作价投入公司，直接增加公司的注册资本。
新股东投资入股	增资扩股时，战略投资者可以通过投资入股的方式成为公司的新股东。新股东投资入股股价，一般根据公司净资产与注册资本之比确定，溢价部分应当计入资本公积。
	依据《中华人民共和国公司法》第一百六十二条的规定，上市公司发行的可转换债亦可转换为公司注册资本，转换后注册资本增加，债券持有人身份从公司债权人转换成为公司股东。

◎ 企业通过"平价增资扩股"后的财税处理解析

平价增资扩股是指企业在接受投资人投资后，企业资产所占的投资比例乘以投资人投资后的净资产公允价值等于投资人投资前的净资产公允价值。平价增资扩股行为对于企业的新老股东来说，都没有产生所得，因此没有纳税义务。

案例陈述

陈先生出资 100 万元成立了 A 有限公司，即 A 有限公司的注册资本为 100 万元。此时，陈先生持有 A 有限公司 100% 的股权，截至 2015 年 12 月 31 日，A 有限公司的净资产账面价值为 600 万元，公允价值为 1 000 万元。

为了扩大公司的经营规模，陈先生计划通过增资扩股融资引入新的投资人，增加企业的注册资本。不久，投资人李先生联系了陈先生，表达了自己的投资意愿。于是双方签订了增资协议，协议中要求李先生投入 400 万元现金入股，而所占的股权比例按照李先生投入的资金占增资后的 A 有限公司净资产公允价值的比例确定，即李先生占 A 有限公司的股权比例为：400÷（400+1 000）=28.57%。

那么，A 有限公司增资扩股业务的财税如何处理呢？假设李先生在 A 有限公司投入的 400 万元中体现的实收资本为 X，则：X÷（X+100）=28.57%，X=40 万元。因此，A 有限公司的账务处理如下：

借：银行存款　　　　　　　　　　　400

　　贷：实收资本——李先生　　　　40

　　　　资本公积——资本溢价　　　360

A 有限公司进行增资后，其公允价值为 1 400 万元。其中，陈先生拥有 A 公司的净资产公允价值为 1 000 万元（1 400×71.43%），与增资之前 A 有限公司净资产的公允价值 1 000 万元相等。投资人李先生拥有 A 公司的净资产公允价值为 400 万元（1 400×28.57%），与增资时投入 A 公司的资金 400 万元相等，这就是平价增资扩股的情况。

从本案例中可以看出，A 公司在增资扩股融资之前，公司创始人陈先生将其实际占有 A 公司净资产公允价值的 285.72 万元（1 000×28.57%）转移给投资人李先生的同时，享有李先生投入资金 400 万元中的 285.72 万元（400×71.43%）。

简单理解，就是 A 有限公司的原始股东陈先生在经历增资扩股融资后，并没有获得额外收益，也就没有纳税义务。同样，投资人李先生也没有获得额外收益，也没有纳税义务。

◎ 企业通过"折价增资扩股"后的财税处理解析

折价增资扩股是指企业在接受投资人投资后，企业资产所占的投资比例乘以投资人投资后的净资产公允价值小于投资人投资前的净资产公允价值。目前，由于折价增资扩股后的企业新股东拥有的净资产溢价没有征税的法律依据，所以暂时无法征收所得税。

案例陈述

吴先生出资 200 万元成立了 B 有限公司，即 B 有限公司的注册资本为 200 万元。此时，吴先生持有 B 有限公司 100% 的股权，截至 2015 年 12 月 31 日，B 有限公司的净资产账面价值为 600 万元，公允价值为 1 000 万元。

为了扩大公司的经营规模，吴先生计划引入新的战略投资者蒋先生进行增资扩股，增加注册资本。于是双方签订了增资协议，协议中要求蒋先生投入 200 万元现金入股，并占有 B 有限公司 20% 的股权。

那么，B 有限公司增资扩股业务的财税如何处理呢？假设蒋先生在 B 有限公司投入的 200 万元中体现的实收资本为 Y，则：Y÷（Y+200）=20%，Y=50 万元。因此，B 有限公司的账务处理如下：

借：银行存款 200

　　贷：实收资本——蒋先生 50

　　资本公积——资本溢价 150

B 有限公司进行增资后，其净资产公允价值为 1 200 万元。其中，吴先生拥有 B 有限公司的净资产公允价值为 960 万元（1 200×80%），小于增资之前 B 有限公司净资产的公允价值 1 000 万元，即少了 40 万元。投资人蒋先生拥有 B 有限公司的净资产公允价值为 240 万元（1 200×20%），大于增资时投入 B 有限公司的资金 200 万元，即多了 40 万元，这就是折价增资扩股的情况。

从本案例中可以看出，B 有限公司在增资扩股融资之前，公司创始人吴先生将其实际占有 B 有限公司净资产公允价值的 200 万元（1 000×20%）转移给了投资人蒋先生的同时，享有蒋先生投入资金 200 万元中的 160 万元（200×80%）。

简单理解，就是 B 有限公司的原始股东吴先生在经历增资扩股融资后，权益少了 40 万元，而投资人蒋先生比增资时投入的 200 万元资金多了 40 万元。

对于 B 有限公司来说，其净资产的公允价值是 1 200 万元（增资前净资产的公允价值 1 000 万元 + 增资的 200 万元），而注册资本为 250 万元（吴先生的权益资本为 200 万元，投资人蒋先生的权益资本为 50 万元）。

这就说明投资人蒋先生少付了 40 万元，却得到了 20% 的股权，而这 40 万元却是原始股东吴先生埋单。此时，如果蒋先生不缴纳 40 万元的个人所得税，就容易引发避税行为。

◎ 企业通过"溢价增资扩股"后的财税处理解析

溢价增资扩股是指企业在接受投资人投资后，企业资产所占的投资比例乘以投资人投资后的净资产公允价值大于投资人投资前的净资产公允价值。同样，由于溢价增资扩股后的企业新股东拥有的净资产溢价没有征税的法律依据，所以暂时无法征收所得税。

案例陈述

赵先生出资 100 万元成立了 C 有限公司，即 C 有限公司的注册资本为 100 万元。此时，赵先生持有 C 有限公司 100% 的股权，截至 2015 年 12 月 31 日，C 有限公司的净资产账面价值为 500 万元，公允价值为 700 万元。

为了扩大公司的经营规模，赵先生计划引入新的战略投资者温小姐进行增资扩股，增加注册资本。于是双方签订了增资协议，协议中要求温小姐投入 1 000 万元现金入股，并占有 C 有限公司 5% 的股权。

那么，C 有限公司增资扩股业务的财税如何处理呢？假设温小姐在 C 有限公司投入的 100 万元中体现的实收资本为 Z，则：$Z \div (Z+100) = 5\%$，$Y \approx 5$ 万元。因此，C 有限公司的账务处理如下：

借：银行存款 100

　　贷：实收资本——温小姐 5

　　　　资本公积——资本溢价 95

C 公司进行增资后，其净资产公允价值为 800 万元。其中，赵先生拥有的净资产公允价值为 760 万元（800×95%），大于增资之前 C 公司净资产的公允价值 700 万元，即多了 60 万元。投资人温小姐拥有

C 公司的净资产公允价值为 40 万元（800×5%），小于增资时投入 C 公司的资金 100 万元，即少了 60 万元，这就是溢价增资扩股的情况。

从本案例中可以看出，C 有限公司在增资扩股融资之前，创始人赵先生将其实际占有 C 有限公司净资产公允价值的 35 万元（700×5%）转移给投资人温小姐的同时，享有温小姐投入资金 100 万元中的 95 万元（100×95%）。

简单理解，就是 C 有限公司的原始股东赵先生在经历增资扩股融资后，权益多了 60 万元，而投资人温小姐比增资时投入的 100 万元资金少了 60 万元。

对于 C 有限公司来说，其净资产的公允价值是 800 万元（增资前净资产公允价值的 700 万元＋增资的 100 万元），注册资本为 105 万元（赵先生的权益资本为 100 万元，投资人温小姐的权益资本为 5 万元）。

这就说明投资人温小姐多付了 60 万元，却只得到了 5% 的股权，而这多付的 60 万元却成了原始股东赵先生的额外收益。对于赵先生在 C 公司拥有的净资产公允价值增加的 60 万元，没有征税的法律依据，所以不征收所得税。

案例总结分析

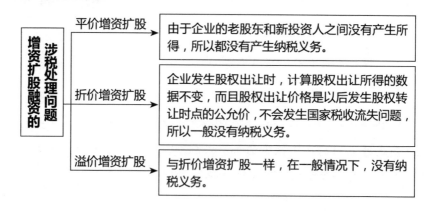

增资扩股融资的涉税处理问题	平价增资扩股	由于企业的老股东和新投资人之间没有产生所得，所以都没有产生纳税义务。
	折价增资扩股	企业发生股权出让时，计算股权出让所得的数据不变，而且股权出让价格是以后发生股权转让时点的公允价，不会发生国家税收流失问题，所以一般没有纳税义务。
	溢价增资扩股	与折价增资扩股一样，在一般情况下，没有纳税义务。

增资扩股融资的注意事项及风险

目前，对于一些中小企业来说，增资扩股融资是企业投融资不可避免要经历的一个阶段。不过，公司在进行增资扩股融资时，把握好它的注意事项和风险，是壮大公司实力，最终获取公司更大效益的第一步。

◎ 增资扩股融资的注意事项

所谓的公司增资扩股融资，是指公司为扩大经营规模、拓宽业务及提高公司的资信情况，而通过依法增加注册资本金的行为来实现公司的利益。那么，公司增资扩股融资需要注意什么事项呢？

增资扩股融资的注意事项有哪些

货币资金出资时，需要注意的事项

> 开立银行临时账户投入资本金时须在银行单据"用途款项来源摘要备注"一栏中注明"投资款"。

> 各股东按各自认缴的出资比例分别投入资金，分别提供银行出具的进账单原件。

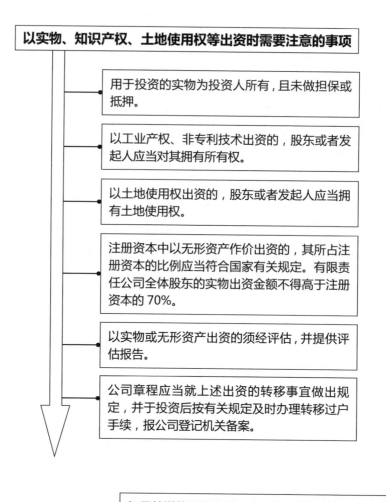

以实物、知识产权、土地使用权等出资时需要注意的事项

- 用于投资的实物为投资人所有，且未做担保或抵押。

- 以工业产权、非专利技术出资的，股东或者发起人应当对其拥有所有权。

- 以土地使用权出资的，股东或者发起人应当拥有土地使用权。

- 注册资本中以无形资产作价出资的，其所占注册资本的比例应当符合国家有关规定。有限责任公司全体股东的实物出资金额不得高于注册资本的 70%。

- 以实物或无形资产出资的须经评估，并提供评估报告。

- 公司章程应当就上述出资的转移事宜做出规定，并于投资后按有关规定及时办理转移过户手续，报公司登记机关备案。

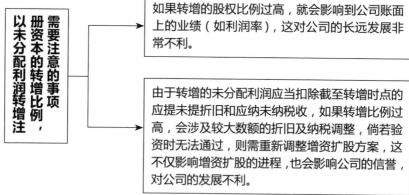

以未分配利润转增注册资本的转增比例，需要注意的事项

- 如果转增的股权比例过高，就会影响到公司账面上的业绩（如利润率），这对公司的长远发展非常不利。

- 由于转增的未分配利润应当扣除截至转增时点的应提未提折旧和应纳未纳税收，如果转增比例过高，会涉及较大数额的折旧及纳税调整，倘若验资时无法通过，则需重新调整增资扩股方案，这不仅影响增资扩股的进程，也会影响公司的信誉，对公司的发展不利。

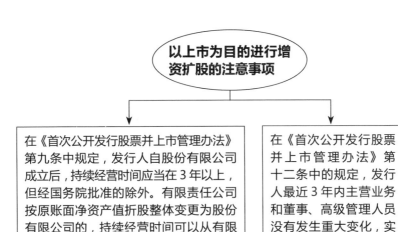

◎ 管理者需要注意增资扩股中的哪些风险

企业进行增值扩股可以获得企业发展所需的资金,但增资扩股流程是一个比较复杂的过程,其中很多步骤中都存在着风险。下面就来看看一些常见的风险,使其在一定程度上可帮到需要的企业。

增资扩股中需要注意的风险

债权和债务

该条款是指如果企业没有向投资人披露对外担保、债务等信息,在实际发生赔付后,投资人有权要求企业进行相关的赔偿。

关联交易

该条款是指被投资的企业在约定期间内，如果发生不符合章程规定的关联交易，企业需要按关联交易金额的一定比例向投资人赔偿损失。

上市时间

对于投资人来说，上市时间的约定就是赌企业是否在约定的时间内上市。如果在约定的时间内企业不能上市，就需要回购投资人手中的股份或进行赔偿。

股权转让限制

该条款是指对约定任意方的股权转让设置一定条件，仅当条件达到时方可进行股权转让。

财务业绩

可以将其看作是对赌协议中的核心部分，是指被投资企业在约定期限内是否实现承诺的财务业绩。因为业绩是估值的直接依据，被投资企业想要获得高估值，就必须要有高收益作为保障。业绩赔偿主要有两种方式，分别是赔股份或赔钱。

竞争限制

企业上市或被其他企业并购前，大股东不得通过其他企业、其关联方，以及其他任何方式从事与企业相竞争的业务。

引进投资人限制

将来的投资人认购企业股份的每股价格，不能低于当前投资人认购时的价格。如果低于之前的认购价格，那么投资人的认购价格将自动调整为将来投资人认购价格，溢价部分也将折成公司相应的股份。

违约责任

任意方违约的，违约方向守约方支付占实际投资额一定比例的违约金，并赔偿因其违约而造成的损失。

◎ 增资扩股中应该避免哪些问题

企业在进行增值扩股融资时，还会出现一些常见问题，这些问题容易产生不必要的融资风险。企业只有提前做好规避，才能防范重大风险的出现。

企业增资扩股中风险的防范

行为：恶意摊薄小股东利益　做法

企业在进行增资扩股时，应当尊重小股东的意见和利益，按照法定程序进行。在小股东反对的情况下，尽量通过借款等其他方式融资。

行为：董事、管理层未尽责任　做法

在《中华人民共和国公司法》的规定中，增资扩股过程中股东未尽出资义务的，违反勤勉义务的董事、高管人员应当承担相应的责任。

行为：投资人参股而不控股　做法

投资人可以通过积极行使知情权、异议股东请求回购权及股东代表诉讼等权利，维护自身合法权益。

行为：企业中各持 50% 股权　做法

需要通过《公司章程》进行约定，并采用"金股"制度、风险分类制度等进行防范。

行为：企业内部管理人员控股　做法

应行使好选人用人权、监督权等股东权利，完善公司内部治理结构和激励奖惩机制。

增资扩股融资案例分析

增资扩股所筹集的资金属于自由资本，与借入资本相比，不会降低企业的借款能力，对扩大企业经营规模，壮大企业实力有重要作用，也有利于直接获得所需的先进技术与设备以尽快提高生产能力。本节就通过案例来对其进行分析，进而加深用户的认知。

◎ 企业股权出让后的增资扩股融资分析

A 公司成立于 1998 年，现有员工 2 000 多人，经过多年发展，已经成为一家跨地区从事城市发展运营及房地产投资营运的专业性顾问服务机构，从事区域发展研究、主题城市开发、品牌战略策划项目和物业评估、城市重建、投资分析及地产项目全程策划和营销等业务。

案例陈述

2004 年 10 月，A 公司召开 2004 年第一次股东大会，并通过了《股东会决议》，同意公司股东赵某、李某和陈某以合作会计师事务所于 2004 年 10 月 1 日出具评估报告，确定 A 公司 2003 年 8 月 31 日整体资产价值 400 万元的 60% 为依据，向 B 有限公司、蒋某、曾某和王某转让部分股权。

同意股东赵某将其持有的 50% 股份中的 24% 转让给 B 有限公司，保留 26% 的股份；同意股东李某将其持有的 30% 股份中的 4% 转让给 B 限公司，11% 转让给蒋某，14% 转让给曾某，1% 转让给王某；转让后李某将不再持有公司股权；同意股东陈某将其持有的 20% 股份中的 10% 转让给王某，保留 10% 的股份。

随后，股东大会同意将公司注册资本由人民币 300 万元增资到人民币 800 万元。A 公司发生股权转让并增值扩股后，其股东所持有股权比例如表 9-1 所示。

表 9-1　股东所持有股权比例

股东	所持有股权的比例（%）
赵某	26
李某	0
陈某	10
B 有限公司	28
蒋某	11
曾某	14
王某	1

A 公司股权在进行股权转让时，需要签订相关的《股权转让协议》，其主要内容如下图所示。

B 有限公司与 A 公司签署的《股权转让协议》中规定，赵某同意转让 24% 的股权给 B 有限公司，李某同意转让 4% 的股权给 B 有限公司，该项股权转让以某评估报告确定的 A 公司 2004 年 8 月 31 日整体资产价值 400 万元的 60% 为依据，即人民币 67.2 万元（400×24%×60%+400×4%×60%）。

内容二

赵某、陈某、B 有限公司、蒋某、曾某、王某 6 名出资人，签署了《出资人协议书》。根据协议，各出资人一致同意将 A 公司注册资本 300 万元增至人民币 800 万元，增资额为 500 万元。此时，可以计算出 B 有限公司需要支付增值额为 140 万元（500×28%）。

内容三

根据前面的计算，B 有限公司总共需要出资 207.2 万元（67.2+140）。当 A 公司完成股权转让和增资扩股后，B 有限公司持有 28% 的股权，为 A 公司的第一大股东。

内容四

各投资人确认股权份额，并在董事会批准后，即可签订相关协议书。同时，B 有限公司需要事先支付投资总款项的 30%，即 20.16 万元（67.2×30%）。待其他投资人的款项到位后，B 有限公司再支付总款项的 20%，即 13.44 万元（67.2×20%）。剩余总款项的 50%，即 33.6 万元（67.2×50%），则需要在办理完工商登记等相关手续后 3 日内支付。

从上面的案例中可以看出，企业的增资扩股融资常常发生在股权出让之后。当企业的控股股东发生变化后，一般会进行相关的新策略，最常见的就是为了扩大生产，加快企业发展步伐，与其他股东共同进行增资扩股融资。

◎ 企业并购后的增资扩股融资分析

A 公司成立于 2003 年，公司类型为有限责任公司，注册资本为 500 万元人民币。B 公司是 A 公司的唯一股东，持有其 100% 股权。C 集团为 B 公司上级单位，是一家以油气业务、工程技术服务、石油工程建设、石油装备制造及新能源开发等为主营业务的综合性国际能源公司。

案例陈述

2009 年，C 集团要求 B 公司与外资企业 K 能源公司进行重组，从而成立合资公司。于是，B 公司向 A 公司出资 1.2 亿元，占 A 公司注册资本 2.45 亿元的 49%，K 能源公司向 A 公司出资 1.25 亿元，占 A 公司注册资本的 51%。A 公司进行增资扩股以后，其企业类型更改为外商投资企业。当其取得《企业法人营业执照》后，就正式更名为"D 燃气公司"，并于 2011 年挂牌成立。

此时，D 燃气公司的注册资本为 2.45 亿元，主要从事天然气输送、天然气管道规划、城市燃气运营等项目，且这些项目基本都是国家鼓励经营的。在 D 燃气公司组建成立后，C 集团也有了更好的发展，业务范围也更加广泛。

对于原来的 A 公司来说，并购及增资扩股融资影响了其独立的公司法人资格。按照《并购及增资协议》中的规定来说，A 公司的债务、自有资产及债权等依然由 A 公司承担与享有。同时，对于 A 公司原有的员工来说，也将由 B 公司进行安排，且需要在 A 公司并购及增资扩股完成之前安排完毕。同时，K 能源公司的新增出资以可自由兑换外币现汇的方式分期缴足。B 公司对 D 燃气有限责任公司的首期出资方式为其所拥有的 6 家公司股权；后续出资有 3 种方式，分别是城市燃气、CNG 资产或现金。

在新公司的组合和财务处理过程中，还存在着一些问题，其具体问题如下图所示。

被认为属非货币性资产交换

因为 D 能源公司还属于 C 集团管理，所以需要考虑该交换是否具有商业实质。根据会计准则，关联方关系的存在可能导致发生的非货币性资产交换不具有商业实质。那么，就可能会出现按账面价值入账的情况。

出现过渡期损益

由于 B 公司用于增资的 6 家公司中，除了一家公司的评估基准日是 2010 年 2 月 31 日外，另外 5 家公司的长期股权投资均以 2010 年 7 月 31 日评估值作价。该评估基准日至 D 燃气公司作为外商投资企业的首份《企业法人营业执照》签发之日的期间，产生损益归属问题。

新公司整合

D 燃气公司由中资企业 A 公司和外资企业 K 能源公司组合而成，虽然双方最开始的战略目标一致，但是后期在价值观、管理理念和文化模式上，可能会出现很大的差异。同时，双方管理人员的管理方式也存在着分歧，这将给 D 燃气公司的管理带来了很大的困难。

从上面的案例中可以看出，企业在并购后进行增值扩股，会给企业带来许多较好的影响，如下图所示。

经营影响

增资扩股对 B 公司进行了业务整合，符合 C 集团纵向一体化发展战略，实现了产销结合，弥补了销售渠道的空缺，优化了企业的产业机构，进而节约了中间成本。

财务影响

项目成功达成后，企业的内部收益率将上升 12%，对其财务回报有较好的提升。

行业影响

企业进行并购与增值扩股后，其市场竞争力更强，也促进了终端燃气行业的良性发展，使更多的区域可以更加方便地使用燃气。

第 10 章

权益投资形式获利——私募股权融资

与其他融资手段相比，私募股权融资条件灵活、成本
较低且针对性较强，是适合各发展阶段企业融资需求
的重要手段。同时，由于私募股权投资人与所投资的
企业之间存在直接利益关系，促使投资人为企业引进
新的企业治理机制，提高企业管理水平，在初创企业
组织结构、财务管理方面提供多方面的支持。

企业进行私募股权融资的基本原理

1976 年，美国华尔街著名投资银行贝尔斯登的 3 名投资银行家合伙成立了一家投资公司，即 KKR，由此诞生了世界上第一家私募股权投资公司，随后股权投资不仅在欧美地区盛行，还渗入亚洲地区。那么企业到底要如何进行私募股权融资呢？本节就来对其基本知识进行详细介绍。

◎ 企业创始人需要具备的心态

虽说大部分的企业都可以通过私募股权融资获得流动资金，但是进行私募股权融资的心态也很重要，它决定着最终的融资效果。

企业需具备的心态

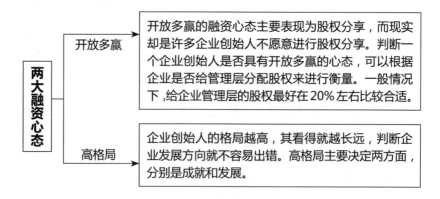

两大融资心态	开放多赢	开放多赢的融资心态主要表现为股权分享，而现实却是许多企业创始人不愿意进行股权分享。判断一个企业创始人是否具有开放多赢的心态，可以根据企业是否给管理层分配股权来进行衡量。一般情况下，给企业管理层的股权最好在 20% 左右比较合适。
	高格局	企业创始人的格局越高，其看得就越长远，判断企业发展方向就不容易出错。高格局主要决定两方面，分别是成就和发展。

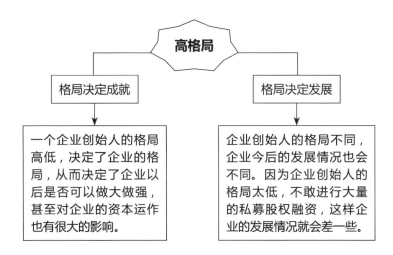

◎ 私募股权融资的基本性质

私募股权融资具有非公开性和权益投资两个特性，这两个特性也决定了其特点。同时，私募股权融资不仅能给企业带来所需资金，还可能给企业带来成功的管理经验、先进的管理技术、优质的产品原料、稳定的销售渠道及广泛的客户群等。

私募股权融资的特点

特点一　在资金募集上，主要通过非公开方式面向少数机构投资者或个人募集，它的销售和赎回都是基金管理人通过私下与投资者协商进行的。另外，在投资方式上也是以私募形式进行，很少涉及公开市场的操作，一般无须披露交易细节。

特点二　私募股权融资多采取权益型投资方式，少部分会涉及债权投资。因此，PE 投资机构也会对被投资企业的决策管理享有一定的表决权。反映在投资工具上，私募股权融资多采用普通股或可转让优先股，以及可转债的工具形式。

特点三 投资人通常投资私营非上市企业，很少投资已公开发行的公司，不会涉及要约收购义务。

特点四 比较偏向于已形成一定规模和产生稳定现金流的成形企业，这一点与 VC 有明显区别。

特点五 投资期限较长，一般可达 3 ～ 5 年或更长，属于中长期投资。

特点六 流动性差，没有现成的市场供非上市公司的股权出让方与购买方直接达成交易，通常只能通过兼并收购时的股权转让和 IPO 时才能退出。

特点七 资金来源广泛，如富有的个人、风险基金、杠杆并购基金、战略投资者、养老基金及保险公司等。

特点八 PE 投资机构多采取有限合伙制，这种企业组织形式有很好的投资管理效率，并避免了双重征税的问题。

特点九 投资退出渠道多样化，有 IPO、售出（TRADE SALE）、兼并收购（M&A）、标的公司管理层回购等。

私募股权融资给企业带来的好处

高附加值的服务 私募股权投资人一般都是资深企业家和投资专家，其专业知识、管理经验及广泛的商业网络能帮助企业成长。

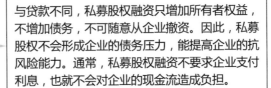

稳定的资金来源

与贷款不同，私募股权融资只增加所有者权益，不增加债务，不可随意从企业撤资。因此，私募股权不会形成企业的债务压力，能提高企业的抗风险能力。通常，私募股权融资不要求企业支付利息，也就不会对企业的现金流造成负担。

能够降低财务成本

企业财务部门的一个重要职责是设计最优的企业资本结构，从而降低财务成本。获得私募股权融资后，企业会有更强的资产负债表和融资能力。

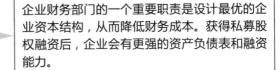

提高企业内在价值

能够获得顶尖的私募股权基金，以及提高企业的知名度和可信度，更容易赢得客户。获得顶尖私募股权基金投资的企业，通常会更加有效率地运作，利用私募股权融资产生的财务和专业优势，实现快速扩张。

私募股权融资的不利影响

在企业管理权发生变化的情况下，新的管理者很可能有不同的发展战略，完全改变创业者的初衷和设想也不无可能。

投资者往往希望尽快获得投资回报，可能不像企业创业者那样注重企业的长远发展，因而可能改变企业发展战略以实现短期内的收益。

劣势一　**劣势二**

劣势四　**劣势三**

随着股权结构的变化，企业的管理权也会相应发生变化，管理权将归股权出让后的控股股东所有。

企业进行私募股权融资后，伴随着企业对股权进行出让，一些原始股东的股权也会被稀释，甚至可能丧失控股地位或者完全丧失股权，股东间的关系会发生变化，权利和义务会重新调整。

◎ 私募股权融资的分类

随着资本市场的发展和成熟，股权投资市场越来越完善，不同的私募股权融资方式可以满足企业不同阶段的融资需求，这对初创企业的发展非常有帮助。而私募股权融资主要有两种分类方式，分别是根据私募股权融资的内涵分类和根据 PE 投资企业所处的阶段分类。

根据私募股权融资的内涵分类

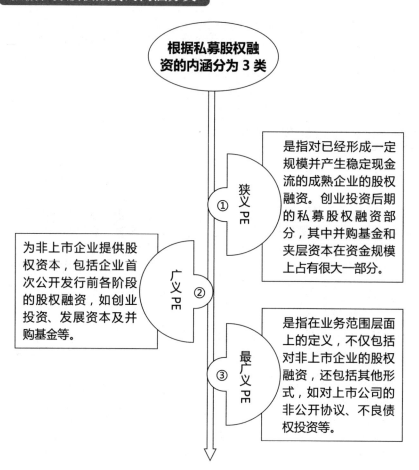

根据私募股权融资的内涵分为 3 类

① 狭义 PE：是指对已经形成一定规模并产生稳定现金流的成熟企业的股权融资。创业投资后期的私募股权融资部分，其中并购基金和夹层资本在资金规模上占有很大一部分。

② 广义 PE：为非上市企业提供股权资本，包括企业首次公开发行前各阶段的股权融资，如创业投资、发展资本及并购基金等。

③ 最广义 PE：是指在业务范围层面上的定义，不仅包括对非上市企业的股权融资，还包括其他形式，如对上市公司的非公开协议、不良债权投资等。

根据 PE 投入企业所处的阶段分类

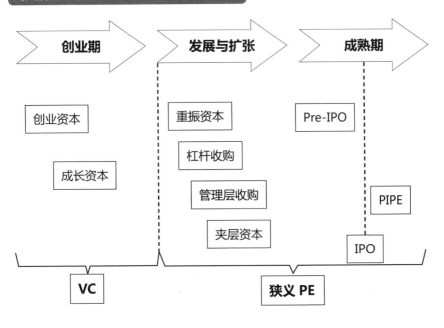

创业期　　　　　　发展与扩张　　　　　　成熟期

创业资本

成长资本

重振资本

杠杆收购

管理层收购

夹层资本

Pre-IPO

PIPE

IPO

VC　　　　　　　　　　　狭义 PE

创业资本 （Venture Capital）	投资企业所处的阶段及本身特征，是创业资本区别于其他类型私募股权资本的关键因素。一般而言，创业资本投资于创业阶段的企业，如正处于种子期或早期发展的初创企业。创业资本一般用于为企业创立和早期发展提供融资，是一种风险和回报都非常高的资本。
成长资本 （Growth Capital）	成长资本主要投资于相对成熟，并且正在进行资本扩张或经营重组的企业，也包括某些特殊情况下的并购融资。一般情况下，成长资本投资的企业处于扩张期，能够产生收入但尚不能盈利或难以为未来发展提供足够的现金流。很多时候，成长资本与创业资本没有明显的界定。

重振资本（Turnaround Financing）	重振资本是指向业绩较差的企业进行投资，改善企业的经营状况。被投资企业一般处于传统行业，出现财务危机或者处于重组当中，但仍具有长期的市场生存能力。
杠杆收购（Leveraged Buyout LBO）	杠杆收购是一种战略型的股权资本，通过使用财务杠杆对外借债的方式来收购一家企业、商品实体或资产，被收购的企业一般处于成熟期且能够产生足够的现金流。在收购完成后，可以利用被收购企业的现金流来偿还杠杆收购的债务，并最终卖出，从而取得投资差价的收益。
管理层收购（MBO）	管理层收购是指目标企业的管理者与经理层利用所融资本对企业股份进行购买，以实现对企业所有权结构、控制权结构和资产结构的改变，实现管理者以所有者和经营者合一的身份主导重组公司，进而获得产权预期收益的一种收购行为。
夹层资本（Mezzanine Capital）	夹层投资兼有债权投资和股权投资双重性，是一种附有权益认购权的无担保长期债权，其主要目标是已经完成初步股权融资的企业。夹层投资总是伴随相应的认股权证，投资人可依据事先约定的期限或触发条件，以事先约定的价格购买被投资公司的股权，或者将债权转换成股权。
Pre-IPO	Pre-IPO 主要投资于企业上市前阶段，预期企业上市的规模与盈利已达到可上市水平的企业，其退出方式一般为上市后从公开资本市场上出售股票。一般情况下，Pre-IPO 投资人主要是投行型投资基金和战略型投资基金两大类。

私募股权融资的运作流程

不同于其他形式的借贷或上市公司股票投资，私募股权投资管理人为企业带来资金的同时，还为企业提供管理技术、企业发展战略及其他的增值服务，是一项带着战略投资初衷的长期投资。当然，私募股权融资是一个非常复杂的过程，时间也相当漫长，需要3～6个月的时间。

◎ 私募股权融资前的准备

企业在有了私募股权融资计划后，应该适当地做一些准备工作，既可做到心中有数，有的放矢，又可以从容应对于融资完成后的工作。

私募股权融资的第一阶段——准备

组建团队　材料准备　目标估值　与私募股权投资机构接触　具体商谈　回答问题　选择投资人　签署协议

私募股权融资的八大准备工作

签署协议

如果企业选择引入私募股权投资，首先应该寻找一家投资银行（或融资顾问），并与其签订服务协议，在这份协议中包括投资银行为企业获得私募股权融资所提供的整体服务。

组建团队

在与投资银行签订服务协议之后，进行私募股权融资的企业需要和投资银行组建专职团队，并深入企业进行详尽调查。

材料准备

当专职团队对企业进行详尽调查后，可以获得相关详尽调查数据。通过这些数据，企业需要准备专业的私募股权融资材料。投资机构不同，资料的准备也不同，常见的资料有 3 种。

资料内容

1. 私募股权融资备忘录，即公司的简介、结构、产品、业务、市场分析及竞争者分析等；
2. 历史财务数据，即企业过去 3 年审计过的财务报告；
3. 财务预测，即在融资资金顺利到位后企业未来 3 年的销售收入及净利润的增长预测。

目标估值

准备好材料以后，企业需要在投资银行的帮助下设立一个目标估值，即企业愿意让出多少股份来换多少资金。一般情况下，企业私募股权融资所出让的股份不要超过 25%，应尽量减少股份的稀释，以保证企业管理层掌握企业的控制权。

与私募股权投资机构接触

在确定出让股份后，投资银行就会开始和相关私募股权投资机构的合伙人进行电话会议沟通，向他们介绍企业的情况。

具体商谈

投资银行会把企业的融资材料同时发送给多家私募股权投资机构，并且与它们就该项目的融资事宜进行详细讨论，这个阶段的主要目标是使最优秀的私募股权投资机构能对企业产生兴趣。

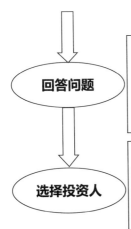

回答问题 → 一般情况下，投资银行会替企业回答私募股权投资机构提出的第一轮问题，且代替企业对这些私募股权投资机构进行密集的沟通。目的是确定哪些投资机构对企业最有兴趣、会给出最高的估值及有相关行业投资的经验等，进而能够帮助企业成功上市。

选择投资人 → 经过一系列接触之后，企业和投资银行已经对投资机构有了一个大致的了解。此时，投资银行会帮助企业选择几家最合适的私募股权投资机构，这些私募股权投资机构对企业所在的行业非常熟悉，对企业的发展会起到很大的助力，提高企业成功上市的概率。

◎ 私募股权融资中的操作过程

企业完成了私募股权融资的准备工作后，就可以正式与私募股权投资机构进行对接。不过，在完成私募股权融资之前，企业和私募股权投资机构之间还有一些操作流程要走。

私募股权融资的第二阶段——融资

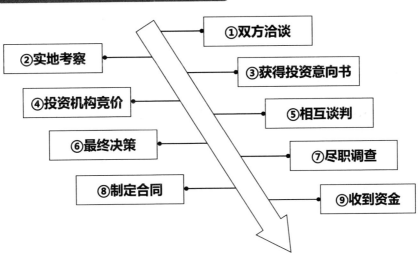

①双方洽谈
②实地考察
③获得投资意向书
④投资机构竞价
⑤相互谈判
⑥最终决策
⑦尽职调查
⑧制定合同
⑨收到资金

双方洽谈

企业在确定目标私募股权投资机构后，投资银行会安排私募股权投资机构与企业家进行面对面地洽谈。一般情况下，投资银行会派一些核心人员参加会议，并解决相关问题。

实地考察

在洽谈之后，投资机构会实地调查企业的相关产业，如公司地点。在该阶段中，企业创始人不要参加，派相关的人员进行陪同即可，但是投资银行会全程陪同，解答相关疑惑。

获得投资意向书

考察完成之后，如果投资机构依然对企业有投资兴趣，那么就会向企业发出投资意向书，也就是一份初步的投资合同，该份合同会定义公司的估值及一些具体条款，如出让股份、股份类型等。

投资机构竞价

如果有多个投资机构对企业进行了考察，致使企业获得了多份投资意向书。那么，企业就可以形成相当于拍卖形式的竞价操作，经过私募股权投资机构之间的互相比较，企业可以获得最好的价格。

相互谈判

同时，投资银行还会和企业创始人共同与私募股权投资机构进行谈判，以帮助企业获得最好的价格及有利的合同条款。

最终决策

在获得各个私募股权投资机构开出的条件后，企业就可以决定接受哪个私募股权投资机构的投资，并且正式签订投资意向书。

尽职调查

在各方签订投资意向书后，私募股权投资机构会对企业进行尽职调查。此时，投资银行也会协调并组织整个调查过程，并且保证双方可以在公平、公正的条件下完成合作。

制定合同

在调查结束之后，投资机构会给企业发出最终的投资合同。一般情况下，该合同基本会超过 200 页，并罗列出了各种内容。企业在看完该合同后，可以与投资机构谈判并就存在异议的地方进行沟通。

收到资金

合同确认并签署以后，投资机构的资金会在 15 个工作日内转到融资企业的账户上。在投资完成之后，投资机构有权向企业要求至少一个董事的席位，以此监督控制企业发展的过程。

小贴士

尽职调查包含 3 个方面，分别是财务方面、法律方面和经营方面。财务方面，由私募股权投资机构聘请并支付费用的会计师事务所完成，他们会对企业的历史财务数据进行分析；法律方面，由私募股权投资机构聘请并支付费用的律师事务所完成，他们对企业的法律文件、注册文件、许可证及营业执照进行核实；经营方面，由私募股权投资机构的人员完成，他们对企业的经营、战略和未来商业计划进行分析。

◎ 私募股权融资后，投资机构如何控制股权

企业在进行私募股权融资过程中，当私募股权投资机构进入企业的时候，就注定两者之间会相互扶持与牵绊。而企业的私募股权融资

完成后，并不代表所有的操作已经完成，针对不同的私募股权机构，还需要采用不同的控制方式。

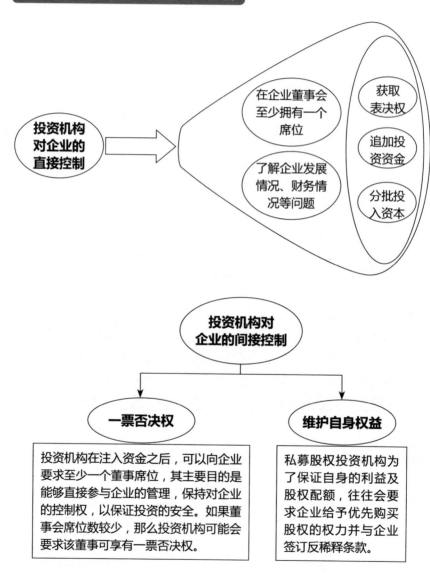

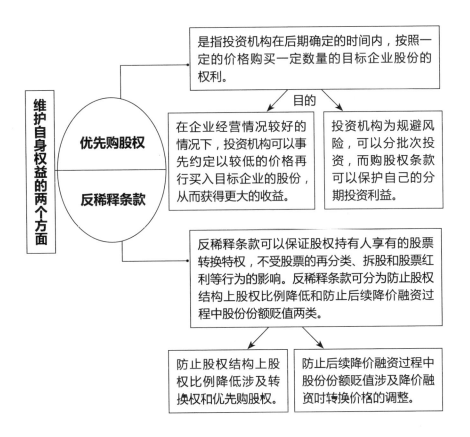

◎ 私募股权融资的退出机制

私募股权融资的退出问题已经大大阻碍了私募股权融资市场的发展，同时国内落后的监管体制也难以满足实际需要，使得不少投资人不得不在退出机制上煞费苦心。

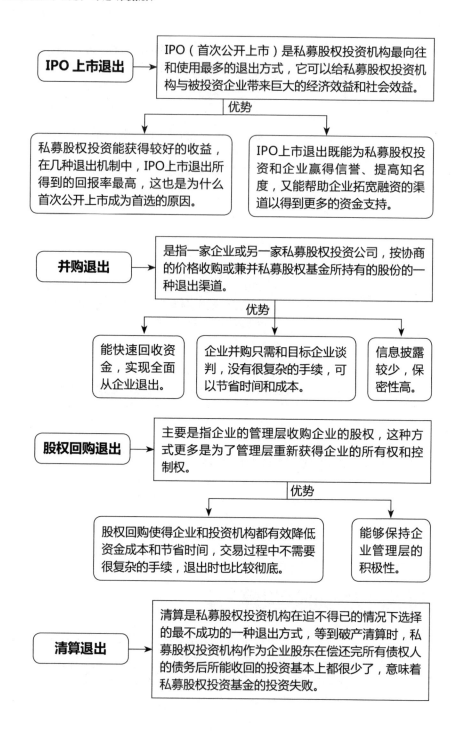

IPO 上市退出 → IPO（首次公开上市）是私募股权投资机构最向往和使用最多的退出方式，它可以给私募股权投资机构与被投资企业带来巨大的经济效益和社会效益。

优势

私募股权投资能获得较好的收益，在几种退出机制中，IPO上市退出所得到的回报率最高，这也是为什么首次公开上市成为首选的原因。

IPO上市退出既能为私募股权投资和企业赢得信誉、提高知名度，又能帮助企业拓宽融资的渠道以得到更多的资金支持。

并购退出 → 是指一家企业或另一家私募股权投资公司，按协商的价格收购或兼并私募股权基金所持有的股份的一种退出渠道。

优势

能快速回收资金，实现全面从企业退出。

企业并购只需和目标企业谈判，没有很复杂的手续，可以节省时间和成本。

信息披露较少，保密性高。

股权回购退出 → 主要是指企业的管理层收购企业的股权，这种方式更多是为了管理层重新获得企业的所有权和控制权。

优势

股权回购使得企业和投资机构都有效降低资金成本和节省时间，交易过程中不需要很复杂的手续，退出时也比较彻底。

能够保持企业管理层的积极性。

清算退出 → 清算是私募股权投资机构在迫不得已的情况下选择的最不成功的一种退出方式，等到破产清算时，私募股权投资机构作为企业股东在偿还完所有债权人的债务后所能收回的投资基本上都很少了，意味着私募股权投资基金的投资失败。

◎ 私募股权融资的估值——可比公司分析法

在企业进行私募股权融资过程中，还会涉及给企业进行估值，比较常见的方法就是可比公司分析法。可比公司分析法是通过比较一家公司和同类公司的估计倍数来评估该公司价值的相对估值技术。一般情况下，倍数是一些估值指标与财务业绩指标的比率，其基本理念就是具有类似特征的公司可以按照类似的倍数进行操作。

可比公司分析法简述

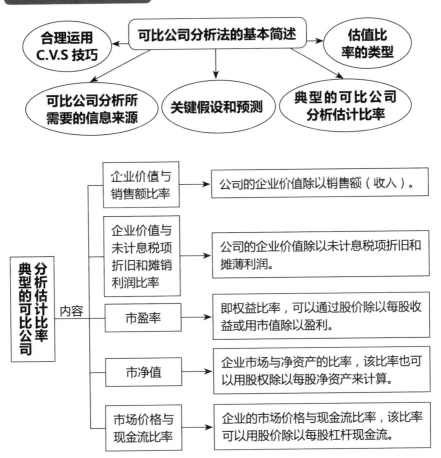

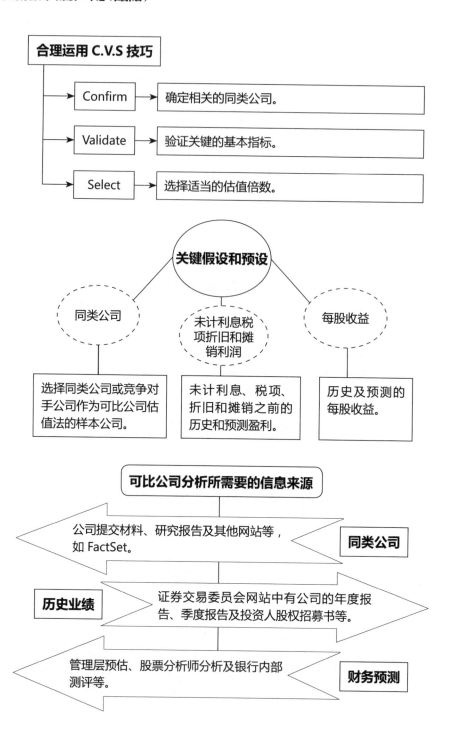

合理运用 C.V.S 技巧

Confirm → 确定相关的同类公司。

Validate → 验证关键的基本指标。

Select → 选择适当的估值倍数。

关键假设和预设

同类公司

未计利息税项折旧和摊销利润

每股收益

选择同类公司或竞争对手公司作为可比公司估值法的样本公司。

未计利息、税项、折旧和摊销之前的历史和预测盈利。

历史及预测的每股收益。

可比公司分析所需要的信息来源

公司提交材料、研究报告及其他网站等，如 FactSet。　　同类公司

历史业绩　　证券交易委员会网站中有公司的年度报告、季度报告及投资人股权招募书等。

管理层预估、股票分析师分析及银行内部测评等。　　财务预测

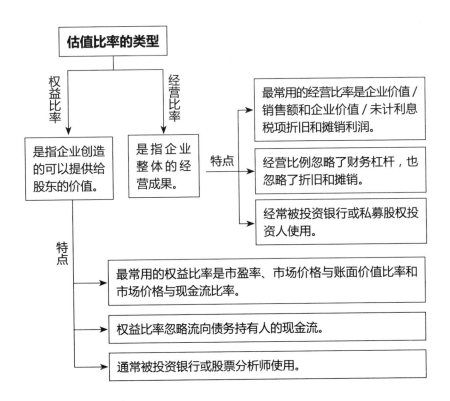

市值与企业价值的计算

市值

市值表示企业的全部权益价值，不反映企业管理者在所有形式融资中的资本分配结构。对于普通投资人来说，市值就是一个有用的估值表示，因为普通投资人通常不会购买太多的股份。因此，这类投资人一般只能获得股东分配的盈利。
计算公式是：市值 = 股票价格 × 流通股股数。

创业价值

创业价值表示企业的全部价值，包括管理者资本分配结构的所有组成部分，如权益、债务及优先股等。企业价值对于战略投资者和私募股权投资人来说，是非常有用的参考，因为企业价值表示的就是企业的收购价值。
计算公式是：企业价值 = 市值 + 债务 + 优先股 + 少数权益 - 现金。

案例陈述

某公司在 2015 年中预计股票的每股收益是 1.2 元人民币，那么使用可比公司分析法进行分析，可以算出该公司的股票价格是多少呢？

假设，可比目标公司以 11.5 倍（中间值）2015 年度预估每股收益交易，其计算结果是：11.5×1.2 元 =13.8 元。其实，市盈率倍数为企业提供每股的市场价值。

该公司在 2015 年中的预计 EBITDA（未计利息税项折旧和摊销利润）为 5 200 万元人民币，债务净额为 2 000 万元人民币，流通股股数为 2 700 万股。那么，通过可比目标公司进行分析，可以算出该公司的股票价格是多少呢？

假设，可比目标公司集以 6.2 倍（中间值）2015 年度预估 EBITDA交易。首先，需要计算出企业价值：6.2×5 200 万元 =32 240 万元。其次，需要计算出市值，也就是企业价值减去债务净额：32 240-2 000=30 240 万元。最后，计算出股票价格，也就是市值除以流通股股数：30 240÷2 700=11.2 元。

按照可比公司分析法，根据竞争对手公司 2015 年度估计市盈率和EBITDA 倍数，该公司的股票价格在 11.2 ～ 13.8 元之间。

小贴士

可比交易分析法也是一种比较常见的企业估值方法，它是指挑选与初创企业同行业、在估值前一段合适时期被投资、并购的企业，基于融资或并购交易的定价依据作为参考，从中获取有用的财务或非财务数据，求出一些相应的融资价格乘数，据此评估目标公司。

私募股权融资的案例分析

受国内经济发展形势欠佳及项目退出渠道收缩等多重因素的影响，近几年的 VC/PE 市场整体活跃度不高，多数投资机构采取观望的投资策略，致使整体投资步伐放缓。但是私募股权投资市场却出现了许多亮点，而近年来也出现了不少成功的案例，通过对这些案例进行解读，可以更加深入地了解私募股权融资的重要性。

◎ 企业初创阶段的私募股权融资 ——迅雷

在私募股权投资中，风险投资是一个非常重要的角色。简单来说，风险投资是由专业的投资机构投入新型的、快速发展的及有着巨大潜力的企业中的一种权益资本投资。因此，可以看出风险投资主要投资于那些处于早期发展的初创企业，特别是中小型企业。

案例陈述

在 1999 年后的 4 年内，全球互联网行业进入了寒冬，这主要是因为投资资本对各大网络公司的态度发生了转变。因为在这之前，只要是进入网络行业，不管是大小公司，都很容易获得大量贷款或其他资本的注资，但是这些公司并没有获得预期的收益，进而使银行或其他投资机构丧失了投资兴趣。与此同时，国内的网民数量却急剧增加，下载流量也是越来越大。此时，迅雷也就应运而生。

迅雷于 2002 年成立于美国硅谷，2003 年便被创始人转移到国内发展，并成立了深圳市三代科技开发有限公司。由于公司发展的需要，三代科技开发有限公司也在 2005 年正式更名为深圳市迅雷网络技术有限公司。

研发迅雷的过程是一段艰苦的日子，团队中的 10 余人工资都很低，创始人基本上是分文收入也没有。所以在研发迅雷的第一个版本时，为了能让其尽快地发布，团队直接放弃了许多细节上的优化。这也使得该版本存在诸多漏洞，不过团队在后期快速对其进行了修复。依靠这一核心技术，迅雷获得了多次融资，其具体如下所示。

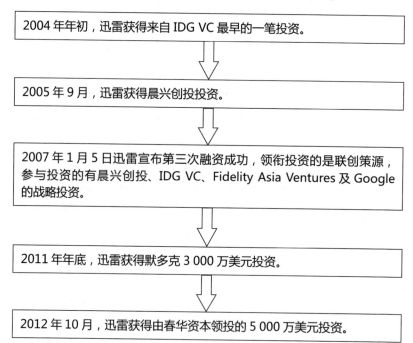

2004 年年初，迅雷获得来自 IDG VC 最早的一笔投资。

2005 年 9 月，迅雷获得晨兴创投投资。

2007 年 1 月 5 日迅雷宣布第三次融资成功，领衔投资的是联创策源，参与投资的有晨兴创投、IDG VC、Fidelity Asia Ventures 及 Google 的战略投资。

2011 年年底，迅雷获得默多克 3 000 万美元投资。

2012 年 10 月，迅雷获得由春华资本领投的 5 000 万美元投资。

2014 年 4 月迅雷已完成新一轮 3.1 亿美元融资，其中小米领投 2 亿美元，金山软件投资 9 000 万美元，迅雷的原投资方晨兴创投和 IDG 跟投 2 000 万美元。

2014 年 5 月 25 日凌晨，迅雷向 SEC 提交了 F-1 招股书。迅雷招股说明书显示，迅雷拟通过 IPO 交易筹集最多 1 亿美元资金，股票交易代码为 "XNET"。

由此可以看出，迅雷创业初期也是通过私募股权融资获得创业资本的。随着迅雷的发展越来越好，其投资机构也越来越多，这些投资机构不仅给迅雷带去了投资资本，还给其带去了丰富的行业资源与国际市场。当前，迅雷已经是一款基于多资源超线程技术的专业下载软件，拥有的用户也高达 4 亿多人。

◎ 企业成长期的私募股权融资——蒙牛乳业

当初创企业发展到一定阶段时，就会进入成长期。企业成长期与初创期一样，其投资都具有高风险、高收益及帮助企业发展等特点。不过，投资机构一般会对高新技术的初创企业有更多要求，但对成长期的企业却没有那么多要求。因此，成长期的企业更受私募股权投资机构的欢迎。

案例陈述

蒙牛乳业是一家总部位于我国内蒙古自治区的乳制品生产企业，是生产牛奶、酸奶和乳制品的领头企业之一。1999 年成立，至 2005 年时已成为中国奶制品营业额第二大的公司，主要业务是制造液体奶、冰激凌和其他乳制品，其中液态奶和冰激凌的产量都居全中国第一。

2004年6月，蒙牛集团在中国香港主板挂牌上市，募集资金高达14亿元人民币，这标志着蒙牛乳业将彻底突破企业成长期的资金瓶颈，为企业扩大生产打下了坚实的基础。这次资金募集吸引了众多的私募股权投资机构，也使得国内的民营企业得到了国内外更多私募投资机构的关注。

出现这样的情况主要是因为国内的乳制品行业存在一些比较突出的特点，如起点低、起步晚及发展快等。由于国内许多人没有喝牛奶、食用乳制品的习惯，因此还有很大的市场需要蒙牛乳业这类型企业去打开。正是如此，国内的牛奶具有较高的营养价值，但是价格并不高，所以乳制品具有很好的发展趋势。在这种情况下，国际上的投资机构也看到了中国人口众多、乳制品有潜在消费市场等优势，所以也乐于投资发展较好的乳制品企业。

另外，蒙牛的团队也不容忽视。蒙牛团队中的工作人员很多都有在伊利工作的经验，对乳制品行业非常熟悉。但对于蒙牛创始人来说，他基本没有从事乳制品行业的经验，这些员工愿意追随他，也是很冒险的一件事，不过正是因为这个团队的团结，注重生产的方方面面，将共同的目标和理想紧紧联系在一起。在短短3年内，蒙牛的资产从1 000多万元上涨到了10亿元，在乳制品行业中的排名也逐步靠前。

同时，因为蒙牛发展起来的时间不算长，其股权结构相对简单、透明，私募股权投资机构不用花费大量的时间对其进行研究与调整。好的发展前景与好的团队，是私募股权投资机构非常喜欢的，这也使得蒙牛很容易就获得了摩根士丹利、鼎晖投资基金管理公司和英联投资有限公司等投资机构的注资。

随后，蒙牛为了扩大生产，打开国际市场，又进行了一系列的股权融资，如引入爱氏晨曦、与达能集团合作等。

【引入爱氏晨曦（Arla Foods）】

2012 年 6 月 15 日，蒙牛乳业与欧洲乳业巨头爱氏晨曦在丹麦首都哥本哈根签署了战略合作协议。爱氏晨曦以 22 亿港元入股蒙牛，持股约 5.9%。而对于蒙牛来说，这是一次实现与国际乳业先进管理水平全面对标并提升的难得机遇。作为蒙牛第二大战略股东，爱氏晨曦将参与蒙牛的实际运营，如为蒙牛引进丹麦牧场管理体系、派出专家小组与蒙牛团队一起工作及培养专业的牧场管理团队等。

【与达能集团（Groupe Danone）合作】

中粮集团和达能集团合作成立了一家合资公司，中粮集团同意向该合资公司转让中国蒙牛 14 801 万股股份，更好地帮助蒙牛乳业的发展，同时引进达能世界先进的酸奶技术和品牌管理经验。新成立的合资公司中，中粮集团将占股 51%，达能占股 49%。转股交易完成后，中粮集团仍是蒙牛乳业的最大单一股东。达能通过合资公司在蒙牛乳业的首期持股约为 4%，成为蒙牛的战略股东，并计划将来根据市场进展增持蒙牛的股份。

随后，蒙牛乳业和达能集团签署了框架协议，达能中国的酸奶业务将与蒙牛酸奶业务合并，双方将组建新的合资公司专项从事酸奶生产及销售业务。这家即将在中国成立的酸奶合资公司，蒙牛将控股持有 80% 的股份，达能则持股 20%。

对于以上两项合作，达能的总投资额约 26 亿元人民币。此次合作有助于蒙牛吸收达能世界领先的乳品技术创新与管理能力。

◎ 企业成熟期的私募股权融资——麦考林

私募股权融资中还有一个重要的部分，那就是私募股权并购投资，该投资方式主要出现在企业发展的成熟阶段。其实，相对于风险投资来说，并购投资控制的资金规模要大很多，因为并购投资的主要目的是通过对目标企业进行并购，获取企业的控制权，并对企业的结构进行改造，进而提升其企业价值，也使自己获得高回报的收益。

风险投资和并购投资的差异

	投资对象的差异	
风险投资主要投资于新兴产业或者是处于初创阶段或成长阶段的企业。		并购投资主要投资于一些发展比较成熟的企业，这些企业处于稳步发展阶段。
风险投资通常更加看重企业的管理团队，以及企业所拥有的无形资产能给企业带来哪些巨大的价值效应。因为此种投资的风险较大，所以他们会更加关注如何降低风险，而不是花时间去控制企业的股权。	投资策略的差异	并购投资的主要目的是获取企业的控制权，然后根据企业的实际情况对企业进行重组、改造等操作。投资机构进行并购投资，更加关注企业后期价值的提升，以及从提升的价值中可以获得的收益。
风险投资在投资企业时，基本上使用的是自有资金。	投资资金的差异	并购投资往往会采用杠杆并购的形式，其中只有部分资金是自有资金，其他大部分资金通过其他渠道融资而来。由于设计到杠杆操作，因此也具有较大的风险。

案例陈述

麦考林，全称为上海麦考林国际邮购有限公司，成立于 1996 年 1

月 8 日。当时以美国华平基金为首的投资机构获得了中国从事邮购经营的资质，华平基金与上海国际服务贸易公司共同成立了上海麦考林国际邮购有限公司，而华平基金出资高达 3 000 万美元。随后，多家投资机构对麦考林持续注资 1 300 万美元，包括中国香港亚网集团、凯达集团等，进而促使麦考林开始涉足电子商务领域，并取得了非常不错的成绩。

但是，随着邮购公司和电子商务公司的迅增，麦考林的经营也开始越来越吃力，其每年亏损高达几千万元，仓库的货物堆积如山，账户上的流动资金也捉襟见肘。于是麦考林急忙更换管理人员，而新上任的管理层股东和 CEO 为了能让麦考林顺利存活下来，提出了 3 个要点，如下所示。

核心要点

与大部分企业扭亏的情况一样，管理层股东直接大刀阔斧地裁剪大部分工作人员，以降低成本。

让企业逆势而为，将目标人群从中小城市和城乡区域消费者转换为都市白领，年龄在 20～35 岁。

暂时放弃企业的主打产品，也就是服装产品，而转战利润丰厚、竞争力较小的饰品。

新上任的 CEO 为麦考林缔造了奇迹，麦考林的营业额持续上升，并再次进入电商行业中。2006 年 6 月，第一家麦考林实体店铺落地上海，立即受到了各界消费者的欢迎，随后又陆续开了多家店铺，数量高达 200 家。

华平基金作为麦考林最大的股东，其拥有 60% 左右的股权，但华平基金对这部分股权的拥有期限只有 10 年，虽然后来又申请增加两年。不过在 2007 年时，华平基金不得不出让这部分股权。由于麦考林死而复生的发展前景，不少投资机构都看好它，最终以红杉中国获得这部分股权的绝对控股权。其实，红杉中国通常投资的资金都不多，所占股份也不多，这次大量注资麦考林可以说是相当罕见的。

其实，吸引红杉中国的主要因素是麦考林的团队，因为该团队具有非常好的管理与执行能力，过去的记录也充分证明了他们的设想。当然，前几年的多渠道零售行业也存在着巨大的商机，而麦考林已经拥有成熟的邮购网络市场，再搭配零售门店的营销，后期发展无可限量。

回顾麦考林的发展历程，可以发现其具有几个非常重要的启示，其具体如下所示。

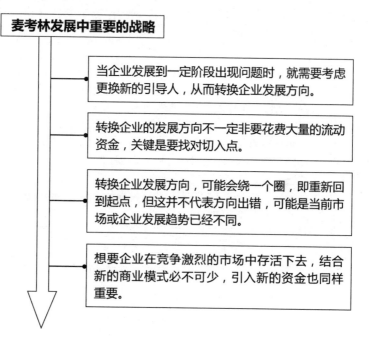

麦考林发展中重要的战略

当企业发展到一定阶段出现问题时，就需要考虑更换新的引导人，从而转换企业发展方向。

转换企业的发展方向不一定非要花费大量的流动资金，关键是要找对切入点。

转换企业发展方向，可能会绕一个圈，即重新回到起点，但这并不代表方向出错，可能是当前市场或企业发展趋势已经不同。

想要企业在竞争激烈的市场中存活下去，结合新的商业模式必不可少，引入新的资金也同样重要。